로봇도 사랑을 할까

LES ROBOTS FONT-ILS L'AMOUR? LE TRANSHUMANISME EN 12 QUESTIONS

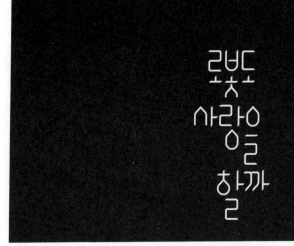

**트랜스휴머니즘,
다가올 미래에 우리가 고민해야 할
12가지 질문들**

로랑 알렉상드르,
장 미셸 베스니에
지음
양영란
옮김

갈라파고스

옮긴이의 말

로랑 알렉상드르의 책을 처음으로 접한 건 '죽음의 죽음'이라는 기막힌 표현을 접하면서였다. 100세 시대라는 말이 우리를 당혹감 속으로 몰아넣은 지 얼마나 되었다고, 이젠 아예 죽음을 안락사시키자는 주장까지 나온다니. 공상 과학이 우리의 일상이 되어버린 걸까?

진짜 문제는 그것이 공상 과학이 아니라는 사실이다. 지금도 이미 소설 『멋진 신세계』나 영화 〈가타카〉 등에서 다룬 내용의 상당 부분은 현실이 되었는데, 앞으로 NBIC(Nanotechnologie, Biotechnologie, Informatique, Cognitique), 즉 나노 기술, 바이오 기술, 정보 기술, 인지과학 각각의 비약적인 발전과 그것들이 어우러져 일으키는 시너지 효과 덕분에 예상보다 훨씬 빠른 속도로 "영원히 사는 인간"의 신화마저 현실이 되고 있다는 것이다.

로랑 알렉상드르는 의사 집안에서 태어나 의과 대학을 나와 비뇨기과 의사로 일하면서 기업을 경영하기 위하여 MBA 과정을 밟고, 여러 차례 의료 벤처기업을 창업하여 팔고 새로 창업하는 실전도 익혔으며, 거기에 더해서 프랑스 최고 엘리트 관료를 양성하는 국립행정학교(ENA)까지 나옴으로써 공공 부문에 대한 이해의 폭까지 겸비한 다채로운 이력의 소유자다.

그런 그가 최근 들어서는 트랜스휴머니즘*(그리고 이것이 예고하는 포스트휴머니즘) 전도사로서 빽빽한 강연 일정과 칼럼을 비롯한 저서 집필 작업을 소화하느라 바쁘다고 한다. 아니, 트랜스휴머니즘을 전도한다기보다는 어차피 세상이 그 방향으로 나아가고 있으니, 그것의 본질을 잘 알아야 함은 물론이고 그것이 가져올 파급 효과에 대비하여 우리는 무엇을 해야 하는지 서둘러서 생각하자고 '선

---

* '-을 넘어서', '가로질러서' 등을 뜻하는 접두사 trans와 humanism을 결합한 용어. 과학과 기술을 이용해 인간의 능력을 개선할 것을 주장하는 생각을 가리키며, 이러한 생각을 가진 사람들을 트랜스휴머니스트라고 한다. 순수한 (생물학적) 인간 시대에 해당되는 휴머니즘 시기를 지나 트랜스휴머니즘 시대가 도래하고, 이는 다시 포스트휴머니즘, 곧 순수한 생물학적 인간, 과학 기술의 성과를 활용하지 않는 인간이 자취를 감추고 모두가 증강인간이 되는 시대를 예고한다.

동'하는 일에 공을 들인다는 말이 더 정확하겠다.

그의 행보가 지나치다면서 곱지 않은 눈으로 보는 시선도 물론 존재한다. 철학자 장 미셸 베스니에와의 대담 형식을 취한 이 책에서도 이 철학자는 일종의 반대자, 아니 '내부의 야당' 입장을 대변한다고 볼 수 있다. 피할 수 없다면 정면 돌파하되 완급 조정 장치는 반드시 필요하다는 사람들의 주장이 그의 입을 통해 전개되니 말이다.

아닌 게 아니라 이 책을 읽으면 로랑 알렉상드르의 다급함이 전해진다. 그는 우리에게 시간이 얼마 남지 않았다고 거듭 강조한다. 인공지능을 이길 방법을 찾아내기까지의 시간을 말하는 것일까? 아니다. 인간은 인공지능을 이길 수 없다. 우리가 인공지능을 어디까지, 어떤 방식으로 받아들일지 결정할 시간이 코앞에 다가왔다는 뜻이다.

인간이 인공지능을 이길 수 없음은, 인정하기 싫지만, 우리는 이세돌과 알파고의 대국을 통해 직접 목격했다. 전세계 바둑계의 최고수로 인정받던 이세돌 9단은 다섯 번의 대국 가운데 딱 한 번 이겼다. 그리고 그가 거둔 이 한 번의 승리는 인간이 인공지능에게 이긴 마지막 승리로 기록될 가능성이 대단히 높다. 체스 경기에서 기계가 인간을 이긴 건 벌써 오래 전 일이며, 의학계에서 진단 프로그램 왓슨이 인간 의사들을 제치고 일당 백—아니 일당 천? 혹은 그 이상?—하기 시작한 지도 꽤 되었는데, 이제 경우의 수가 너무 많아 경이롭다고 여겨지던 바둑에서마저도 인간은 인간이 만들어낸 인공지능에 무릎을 꿇었다.

패배를 깨끗하게 인정하는 순간 우리에게 길이 보일 것인가? 안타깝게도 길은 저절로 보이지 않는다. 우리가 그 길을 간구할 때에만 그 길로 향하는 틈이 보이기 시작할 것이다. 인공지능의 창조자로서 인간이 그것의 역할 혹은 활용 방안을 어디까지로 제한하는지(반사회적 성향을 학습시킬 것인가? 인간에게 위해를 가할 수 있는 능력을 키워줘야 할 것인가?), 인간을 인간답게 해주는 본질(이 또한 합의를 거쳐 시급하게 정의를 내려야 할 시점이다. 과거에 내린 인간의 본질에 대한 정의는 여전히 유효한가?)을 보존하면서 살 경우 기계와 인간의 공존은 가능한지, 인간의 패배가 인공지능에 의한 인간의 전적인 노예화로 귀결되지 않으려면 학교 교육은 어떻게 바뀌어야 하는지 등. 산적한 문제는 많고, 더구나 하루아침에 해결되는 간단한 문제들도 아닌지라, 로랑 알렉상드르는 마음이 바쁘고 초조하다.

책을 읽는 나도 곧 발등에 불이 떨어질 것 같아 불안하고 심란했다. 견문이 적어서인지 한국에서는 어디에서도 그런 논의가 진행되고 있다는 소식을 접하지 못해 어쩌면 저자보다 더 위기의식을 느꼈을 수도 있다. 나 자신은 아마도 100세 넘게 사는 것이 당연시되는 세대에는 속하지 않을 것이다. 그래서 다행이다 싶으면서도, 앞으로 살아갈 날이 많은 젊은 세대를 생각하면 4차 산업혁명이 몰고 올 쓰나미에 대한 대비책을 꼼꼼히 세워야 한다는 생각이 든다. 시작이 반이라 하지 않는가. 미래를 위한 논의, 지금 당장 시작하자.

2018년 8월

양영란

들어가는 말

증강인간*, 합성생물학(합성생명학)**, 바이오닉 보철, 인공지능 등 기술 발전은 숨 가쁠 정도로 빠르게 이루어지고 있다. 10년 전만 하더라도 공상과학소설에서나 언급되던 주제들이 오늘날에는 각종 실험실에서 집중적으로 연구되고 있는 것이다. 인공지능에 기반을 둔 기계들은 엄청난 위력을 발휘한다. 1997년, 가리 카스파로프가 IBM이 개발한 딥블루와의 체스 시합에서 패배하고, 이어 2016년에 구글이 발명한 알파고와의 바둑 대결에서 이세돌이 쓰라린 패배를 맛본 이후, 인간의 지능이 기계의 지능을 넘어서는 영역은 눈에 띄게 줄어들고 있다.

---

* 첨단 기술을 인간에게 적용해 신체 능력이 향상된 상태.
** 생물학적 이해를 바탕으로 공학적 관점을 도입한 학문. 자연 세계에는 존재하지 않는 생물을 만들어 내거나 자연계에 존재하는 생물 시스템을 재설계하는 일.

이로 인해 예상되는 경제 판도의 변화는 그야말로 엄청나다. 새로운 자동화의 파도에 쓸려나갈 직업의 목록은 너무나 길어서 일일이 열거할 수조차 없다. 19세기에 산업계 전반을 휩쓴 증기기관이나 20세기 전반에 산업 판도를 뒤흔든 로봇들과는 달리, 이 새로운 기계들은 인간의 노동력을 대체하는 것에 그치지 않고 인간의 고유한 영역으로 여겨지던 지식과 판단, 분석, 심지어 추론 능력까지 모조리 대체하려 한다.

이처럼 기술이 놀랍도록 빠르게 발전한 이유는 원자 수준에서 물질을 다루는 나노 기술, 생명체를 취급하는 바이오 기술, 정보 기술(특히 가장 기본적인 측면), 인간 뇌의 기능을 집중적으로 탐구하는 인지과학이 이전까지는 각각 따로 발전해오다가 이제는 한 곳에 모여 시너지 효과를 내기 시작했기 때문이다. 말하자면 NBIC의 융합으로 지금까지 유례를 찾아볼 수 없었던 전대미문의 프로메테우스적 프로젝트들이 가능해졌다. 이 책에서는 인간을 변형시키고 인간의 능력을 개선하고 확장하는, 요컨대 인간으로 하여금 인간으로서의 위상을 뛰어넘게 하는 이러한 프로젝트들을 다루고자 한다.

NBIC 혁명의 중심이라 할 수 있는 실리콘 밸리에서 막강한 영향력을 행사하는 트랜스휴머니스트들, 즉 트랜스휴머니즘을 추구하는 자들은 기술을 통해 인간이라는 종의 품질을 향상시키는 것이야말로 호모 사피엔스가 자신들이 만들어낸 기계에게 추월당하지 않을 수 있는 유일한 기회이자 방편이라고 믿는다. 사실상 인간과 기계의 교배는 이미 시작되었다. 이를테면 카르마트Carmat사에서 개발한 인공심장이 몇몇 심부전증 환자들에게 이식된 것이 그 예다. 하지만 이는 향후 수십 년 사이에 현실이 될 놀라운 일들에 비하면 지극히 소박한 서주에 불과하다. 인간DNA에 개입하여 유전병을 일으키는 염기서열 제거, 3D 프린터를 사용해 신체 장기 만들기, 자석을 이용해 인간의 뇌 자극시키기, 인공지능 장치에 인간의 뇌 기능 결합, 지각 능력 향상이나 체력 강화 등이 대표적인 예다. 뿐만 아니라, 일부 인간들에게는 기대 수명을 거의 무한대로 연장하는 일, 다시 말해서 죽음을 안락사시키는 일도 가능해질 것이다.

이러한 전망은 트랜스휴머니스트들을 열광시킨다. 한편으로는 이 미래가 다른 방식으로 생각하는 사람들을 불안하게 만드는 것도 사실이다. 인간이 기계와 분리불가능하게 결합될 경우, 이제까지 인간의 전유물로 여겨지던 자유의지는 어떻게 될까? 천 살까지 사는 것이 과연 바람직한 일일까? 증강인간과 그렇지 않은 보통 인간은 어떤 식으로 공생하게 될 것인가? 올더스 헉슬리가 『멋진 신세계』에서 묘사한 것처럼, 일종의 바이오전체주의를 우려할 필요는 없을까? 『멋진 신세계』만 하더라도 출간 당시(1932년)에는 완전히 공상과학소설로 여겨졌으나 오늘날에는 우리가 맞이할 수도 있는 실현 가능한 미래로 여겨지고 있으니 말이다.

이러한 질문들에 직면하여, 이 책을 쓴 우리 두 사람의 의견은 일치하지 않는다. 우리는 공개 석상에서 여러 차례에 걸쳐 이 문제들에 관해 토론하고, 날을 세워가며 진검승부를 펼치기도 하면서 서로의 논리를 교환했다. 그래도 소용없었다. 우리는 근본적으로 입장이 달랐다. 그러나 이런 토론을 통해서 적어도 두 가지 지점, 그것도 아주 중대한 지점에서만큼은 우리 둘의 견해가 수렴된다는 것을 인정했다. 그건 바로 상대의 입장을 존중하는 합리적이고 이성적인 토론의 필요성과 기술은 그 자체로는 선하지도 악하지도 않으며 모든 건 어디까지나 인간이 기술을 활용하는 방식에 달렸다는 확신이다.

이 두 가지를 깨달으면서 우리는 대화 형식으로 책을 쓰고 싶다는 생각을 하게 되었다. 그러니 독자들은 이 책이 끝나갈 무렵에는 두 입장이 서로 화해를 하겠거니, 두 사람이 극적으로 일치된 결론에 도달하겠거니 하는 기대를 접어두시라. 이 책은 어디까지나 논쟁의 장이자 치열한 언쟁이고, 고대 그리스인들이 그들이 신봉하는 민주주의의 발전을 위해 기꺼이 구사하던 전투적 토론의 산물이다. 고대 그리스에서처럼, 우리의 격앙된 의견 교환이 NBIC가 인류에게 던지는 어마어마한 도전에 대해 활발한 민주적 토론을 이어가게 하는 밑거름이 되기를 기대한다.

로랑 알렉상드르와 장 미셸 베스니에

차례

1장

인간이라는 종은
개량되어야 할까?

기술혁명, 다시 말해서 나노 기술, 바이오 기술, 인공지능의 융합이 야기하는 혁명은 현재 진행 중이다. 이 혁명으로 인간의 신체는 물론 뇌의 역량 또한 향상될 것이다. 기술은 증강인간을 창조해낼 수 있으며, 이 현상은 앞으로 점점 더 가속화될 것이다. 그런데 꼭 그래야만 할까?

인간은 창조의 감독이자 각종 현상의 발명가가 된다. 이러한 관점에서 앞으로 이루어질 실험과학의 진보에 힘입어 자연에 행사하게 될 위력에 한계를 두는 일 따위는 없을 것이다.　　　　　　　　　　—클로드 베르나르, 1865년

로랑 알렉상드르　　기술의 역할은 안락한 생활을 보장해주고 삶의 조건을 개선하는 것입니다. 의학 기술의 발전에 반대하는 사람은 없습니다. 덕분에 인간의 기대 수명도 계속해서 늘어나고 있으니까요. 앞으로도 수명은 계속 연장될 겁니다. 기술만 받쳐준다면, 사람들은 기술을 이용해 생물학적 약점을 보완하는 일 정도는 별 다른 저항 없이 받아들이죠. 망막 관련 질병을 예로 들어봅시다. 프랑스인 세 명 가운데 한 명은 노화로 인한 황반변성으로 고생합니다. 망막 중심부가 파괴되어 결국 실명하고 마는 이 병에 걸린 프랑스인이 이미 백만 명이 넘습니다. 게다가 이 수는 앞으로 인구 노화와 함께 점점 더 늘어날 것입니다. 황반변성을 비롯한 몇몇 망막 관련 질병들은 아직까지 치료법이

개발되지 않아 이런 병에 걸리면 시력을 완전히 잃게 됩니다. 그런데 바이오 기술과 더불어 전자산업 분야의 발전이 가속화되고 있으므로 앞으로는 이처럼 무서운 질병들을 훨씬 더 효과적으로 치료할 수 있겠죠. 그러니 이토록 유용한 기술을 왜 애써 외면한단 말입니까?

실명을 무찌르는 기술

황반변성 치료 기술은 크게 두 가지 방식이 있다. 첫 번째는 망막이나 대뇌 피질 자체에 초소형 카메라가 달린 전자 기기를 장착하는 것이다. 이는 청각장애인이 보청기를 껴 소리를 들을 수 있는 원리의 연장선이라 할 수 있다. 오늘날 이 바이오닉 눈은 환자에게 아주 미미한 시력을 제공해주는 수준에 머물러 있으나, 반도체와 전자 감응장치의 지속적인 발전으로 말미암아 2025년 무렵이 되면 실질적으로 편하게 사물을 볼 수 있는 수준인 해상도 수만 픽셀짜리 기기의 출현을 기대할 수 있다. 두 번째 치료 방식은 줄기세포와 유전자를 이용한 것으로, 이는 바이오 기술에 해당한다. 2011년 4월, 일본의 한 연구 팀은《네이처》에 태아 줄기세포를 가지고 시험관에서 생쥐의 망막을 만들어내는 데 성공했다고 발표했다. 망막 관련 질병 치료에 줄기세포를 활용하는 방안은 2025년 무렵부터는 상용화될 것으로 보인다. 한편, 유전자 치료는 유전적 요인으로 망막염을 앓게 된 어린 환자들에게 희망으로 떠오르고 있다. 색소성 망막염을 앓고 있는 개를 대상으로 실시한 최초의 유전자 치료에서 기대 이상으로 망막 기능을 정상화시키는 고무적인 결과가 나왔기 때문이다. 이 방법으로 사람을 치료하는 일도 이미 시작되었다. 2012년 초에 발표된 실험적인 유전자 치료로 일종의 레버 선천성 흑내장에 걸린 환자 세 명은 부분적으로 시력을 회복했다. 이 병은 망막 수용체가 치료 불가능할 정도로 손상되어 30세 이전에 시력을 완전히 잃는 무서운 난치성 희귀 질환이다.

로랑 알렉상드르

장 미셸 베스니에　현실적으로, 그런 기술을 전부 배제하자고 할 수는 없습니다. 하지만 그렇다고 해서 모든 기술을 다 수용해야 할까요? 물리학자 데니스 가보르Dennis Gabor는 "기술적으로 실현 가능한 모든 것은 윤리적으로 그에 상응하는 대가를 치르게 될 지라도 실현되어야 마땅하다"고 말했죠. 그는 홀로그래피를 발견해 1971년 노벨 물리학상을 받기도 했습니다. 그의 말에 담긴 냉소주의에 우리가 아무리 흥분하고 분개해도 소용없습니다. 이 말은 이미 기술 제품을 선택하는 것은 자연적인 종을 선택하는 것과 같은 기제에 의해 이루어진다고 믿는 시장 지상주의자들에게 법으로 작용하니 말입니다. 물론 지금은 각종 위원회를 만들어 실현 가능한 기술들을 얼마나 수용해야 하는지 검토하게 함으로써 윤리적인 측면을 고려하고 있기는 합니다만, 사실 힘든 일입니다. 정치권이니 산업계에서는 어떤 대가를 치르더라도 혁신을 해야 한다는 생각이 이미 외면할 수 없는 교리로 자리 잡았으니까요.

로랑 알렉상드르　그 부분은 전혀 동의할 수 없습니다. 저도 혁신 문화를 전적으로 지지하는 사람이니까요. 우리는 훨씬 더 멀리 갈 겁니다. 우리에겐 그럴 만한 역량이 있기 때문이죠. 궁극적으로 단순히 결함만을 고친 사람과 역량까지 증강시킨 사람 사이에는 어떤 경계도 사라질 것입니다. 2080년에도 정상치보다 훨씬 시력을 좋게 해주는 고품질 인공 망막을 이식하는 사람을 불법이라는 이유로 감방에 집어넣을까요? 대답은 물론 '아니다'죠! 수십 년 안에 우리는 기존의 치료 의학에서 증강 의학으로 옮겨가게 될 겁니다. 백신 주사를 맞은 인간도 이미 증강인간이라는 사실을 잊지 마세요!

장 미셸 베스니에 증강 의학이라는 말이 나왔으니 한 마디 하겠습니다. 내가 보기에 인간에 관해 이론의 여지가 없는 유일한 정의는 장 자크 루소가 내린 '개선의 여지가 있는 존재'라는 정의입니다. 바꿔 말하면, 인간은 불완전하게 태어났으므로 무한히 향상될 수 있는 존재라는 말이죠. 인간은 다른 동물들처럼 태만하거나 나태에 빠질 여유가 없습니다. 인간과 달리 다른 동물들은 태어날 때부터 죽을 때까지 큰 변화가 없지 않습니까.

로랑 알렉상드르　루소의 정의는 구식입니다. 바이오 기술 덕분에 동물도 얼마든지 능력을 향상시킬 수 있게 되었으니까요. 최근에 발표된 연구 결과들로 미루어 보자면, 우리는 1963년에 출간된 피에르 불Pierre Boulle의 『혹성탈출』에 더 가깝습니다. 인간 염색체 조각 또는 인간의 뇌세포를 생쥐들에게 주입해 DNA가 바뀌자 지능이 높아졌다는 세 개의 실험 결과가 발표되었으며, 그 중에서 가장 최근 실험은 2015년 2월 19일에 발행된《커런트 바이올로지Current Biology》에 게재되었습니다. 이 실험의 결과가 일으킬 파장은 그야말로 머리가 어지러울 정도죠. 동물 애호가로 유명한 브리지트 바르도를 추종하는 무리들이 좀 더 똑똑하고, 좀 더 호감 가며, 좀 더 '인간적인' 개를 원한다면 무슨 수로 이 요청을 거절할 수 있겠습니까? 동물의 인지 능력을 향상시키고 싶어 하는 요구에 긍정적으로 화답하는 분야는 늘 존재할 것이고, 우리 사회는 이미 기정사실이 되어버린 현상을 뒤늦게 인정하게 될 것입니다. 외국에서 대리모를 통해 자식을 낳아 오는 동성애자 커플을 우리가 묵인하듯이 말입니다.* 도대체 어떤 도덕 원칙을 들먹여가면서

---

* 대리모가 합법인 나라에서 자식을 낳은 후 프랑스로 돌아오는 커플을 말한다.

머지않은 미래에 더 영리한 침팬지가 태어나는 것을 금지한단 말입니까? 동물의 존엄성을 인정하고 동물을 존중해야 한다는 인식이 점점 더 확산되고 있는 마당에, 우리 인간은 현재 인간의 지능지수에 근접하는 아이큐를 지닌 동물의 출현에 대해 어떻게 생각해야 할까요?

장 미셸 베스니에 방금 그 논리는 '품종 개량', 그러니까 모든 종의 품질을 개량하는 것이 일종의 집착이 되었음을 뜻합니다. 하지만 그 '품종 개량'은 오래 전, 다시 말해서 근대 이전 사회가 이미 거부한 것입니다. 우리 사회는 벌써 오래 전에도 문자 그대로의 품종 개량보다는 전통을 고수하거나 탁월성을 존중한다는 입장을 취해왔어요. 물론 의고주의나 보수주의로 돌아가야 한다는 식의 해결책은 배제합니다. 어쨌거나 우리는 현대인이니까요. 내일이 어제보다 나을 것이라고 믿으며, 또 그래야 한다고 생각하기 때문이죠. 이런 의미에서 보면, 기술 찬양론은 우리에게 너무도 자연스러운 것입니다. 그렇기 때문에 저도 기계 파괴주의자들과 저성장주의자들에게 그들과 반대되는 주장

을 지지하는 것이 옳다고 말합니다. 물론 아미시 공동체*
나 여호와의 증인들이 이상으로 삼는 것은 약간의 논리만
으로도 쉽게 무너뜨릴 수 있는 빛 좋은 개살구에 불과합니
다. 그렇긴 하나 '품종 개량'은 역사를 통해서 이미 엄청난
물의를 일으켰던 '우생론'의 또 다른 이름임을 기억해야
합니다.

로랑 알렉상드르　　우리는 우리도 알아차리지 못하는 사이
에 이미 우생론의 썰매에 올라탔습니다. 다운증후군이 사
라져가고 있지 않습니까. 다운증후군 증세를 보이는 태아
들 가운데 97퍼센트는 의학적 이유에 따른 임신 중절의
'혜택'을 받고 있어요. 솔직히 이러한 형태의 지적 장애를
"뿌리 뽑아야 한다"는 암묵적인 사회적 압력에 대놓고 저
항할 수 있는 부모는 많지 않습니다. 저야 물론 이 같은 집
단적 결정을 기정사실화 하려는 무리에는 들지 않습니다
만, 아직까지는 유전자 기술로 확인할 수 있는 질병의 수

---

* 미국 펜실베니아주 중부에서 집단을 이루어 거주하는 기독교 개신교 재세례
파 신자들. 현대 문명을 거부하여 여전히 마차를 타고 이동하는 등, 전기와 내연
기관의 사용에 특히 부정적인 입장을 보였으나, 요즘은 많이 달라졌다고 한다. 캐
나다 등지에도 소규모 아미시 공동체가 존재한다.

가 극히 제한적입니다. 하지만 태어날 아기의 DNA 염기서열 전체, 다시 말해 아기의 유전자적 정체성을 구성하는 30억 개의 화학 메시지를 판독할 수 있게 된다면 사정은 완전히 달라질 것입니다. 엄마에게서 약간의 피를 뽑아 검사하는 것만으로 간단하게 태아의 유전자를 진단하는 것은 지금도 얼마든지 실현 가능한 일입니다. 유산할 위험성이 0.5에서 1퍼센트인 양수 검사 따위는 더 이상 필요하지 않다는 말이죠. 이 말은 곧 출생 전 진단의 일반화를 가로막는 마지막 장애물이 사라졌다는 말도 됩니다! 강력한 연산 방식을 도입해 태아의 DNA 염기서열과 엄마의 DNA 염기서열을 구별할 수 있게 되었으니까요. 지난 10년 사이에 DNA 염기서열을 측정하는 비용이 무려 300만 분의 1 정도로 급격히 줄었음을 감안한다면, 이 기술은 분명 2025년 무렵이면 대중적으로 보편화될 것입니다. 임신 기간 중에 태아와 산모는 아무런 위험도 감수할 필요 없이, 수천 가지 질병을 발견해낼 수 있다는 말입니다. 다운증후군 환자들은 온순하며, 기대 수명도 평균치에 이르고, 특별한 통증으로 고생하지 않는데도 지난 30년 동안 그 수가 급격히 줄었습니다. 그러니 우리가 훗날 무엇 때문에 다른 질병들을 놓고 이와 다르게 행동하겠습니까? 정치적으로 보자면, 일단 태아의 발달 형태와 상관없이 자유롭게 임신 중절이 가능합니다. 지적 장애가 의심되는 태아의 임신 중절 또한 합법적입니다. 게다가 사회적으로 합의도 이루어졌어요. 공권력에 의해 임신 중절이 오히려 장려되는 마당에, 무슨 명분으로 부모들이 "예쁘면서 머리도 좋은 자식들"을 선호하는 현상을 막을 수 있단 말입니까? 모름지기 멀지 않은 미래에 부모들은 식당에서 메뉴 고르듯 자식을 고를 수 있게 될지도 모릅니다. 출생 전 진단을 통해 기형아로 태어날 아이는 낳지 않음으로써 "최악의 상황을 배제"할 수 있게 되었다면, 착상 전 진단은 시험관 수정으로 얻은 최상의 수정란을 추려내는 "최상의 선택"을 의미한다고 봐야겠죠. 시험관 수정에 따르는 최후의 부작용까지 완벽하게 통제할 수 있다면, 이것을 선택할 부모들도 급격하게 증가할 겁니다. 시험관에서 배아를 제거하는 것이 태중에서 태아를 지우는 것보다 도덕적으로 훨씬 덜 불편한 것도 사실이지요. 정치적으로 볼 때 시한폭탄이라 할 수 있는 우생론이 구렁이 담 넘어가듯이 슬며시 회귀하고 있는 오늘날의 상황이 나는 무척 유감스럽습니다.

장 미셸 베스니에 우리 둘 다 기술 발전이라는 현상에는 이론의 여지가 없다고 인정하지만, 그 점에 대해서는 토론이 필요합니다. 우리는 과연 '개선론자들'의 편집증적인 집착을 받아들여야만 할까요? 그 집착은 정도가 심해서 트랜스휴머니스트들이 주장하는 '증강'의 의미로 수렴되어가는 듯하거든요. 생물학이 연금술사들과 인간을 변화시키려는 망상가들의 꿈을 실현해주리라는 장 로스탕Jean Rostand*의 전망과 우리 인간에게서 우리 자신과, 우리의 보잘 것 없는 개선 가능성을 제거해버린 포스트휴먼의 도래를 예고하는 레이 커즈와일Ray Kurzweil**의 환희 사이에는 과연 어떤 차이가 있을까요? 레이 커즈와일이라는 트랜스휴머니스트는 장 로스탕이라는 생물학자의 저서 『초인의 경계에서Aux frontieres du surhumain』에서 무엇을 읽어낼까요? 반대로, 로스탕이 커즈와일이 쓴 『인류 2.0. 변화의 바이블 Humanite 2.0. La Bible du changement』을 읽는다면 그는 이 책에서

---

* 1894-1977, 프랑스의 문필가, 생물학자, 과학사가, 아카데미 프랑세즈 회원. "우리가 자식들을 위해 해줄 수 있는 거라곤 엄마가 될 사람을 잘 선택하는 일뿐"이라는 말을 남겼다.

** 1948- , 미국의 컴퓨터 과학자, 발명가, 미래학자. 구글의 기술 고문으로 유명한 커즈와일은 건강, 트랜스휴머니즘 운동, 기술적 특이점, 미래주의 등을 주제로 활발한 저술 활동도 펼치고 있다

언급된 각종 예언들 중 무엇을 받아들일 수 있었을까요?

───────── 로스탕과 커즈와일

프랑스 출신 생물학자 장 로스탕은 저서 『초인의 경
계에서』에서 "인간을 개조한다는 역사상 가장 대
담한 내기"가 어떻게 해서 우리가 생각하는 것보
다 훨씬 더 가까운 미래에 벌어질 수 있는 일인지
설명한다. 한편, 『인류 2.0. 변화의 바이블』에서 미
래학자 레이먼드 커즈와일은 그가 "기술적 특이
점technological singularity"이라고 부르는 것이 바이오
기술, 로봇 기술, 인공지능의 수렴을 통해서 출현
할 것이라고 말하며 이 개념을 열정적으로 설명한
다. 두 책은 공통적으로 기술의 역량에 대한 확신으
로 가득 차 있으나, 그 근저에는 커다란 차이가 있
다. 로스탕은 과학 연구로 얻어지는 이익을 공유하
는 문제에 대해 깊은 우려를 보이는 반면, 커즈와
일은 거의 공격적이라 할 정도의 개인주의를 표방

한다. 사실 따지고 보면 두 사람은 서로 다른 이야
기를 하는 셈이다. 로스탕의 우생론이 시종일관 진
리와 사회적 합의에 대한 염려를 담고 있다면, 커
즈와일은 효율과 단절을 고집한다고 할 수 있다.

장 미셸 베스니에

로랑 알렉상드르   성경을 언급했으니 말인데, 새로운 생물
또는 전자 피조물들의 부상은 종교적으로도 의미 있는 결
과를 만들어 내고 있습니다. 플로리다주에서 목사로 활동
하면서 기독교 정신에 입각한 트랜스휴머니즘을 옹호하
는 크리스토퍼 J. 베넥Christopher J. Benek을 비롯한 몇몇 신학
자들은 지능을 갖춘 기계들도 원한다면 세례를 받을 수 있
도록 하자고 주장합니다. 나노 기술과 바이오기술, 컴퓨터
정보 기술, 인지 과학의 수렴으로 이제까지는 없었던 새로
운 문제들이 등장하고 있으며, 이러한 문제들을 어떻게 해
결하느냐에 따라 인류의 미래가 달라질 겁니다. 21세기는
잔잔하게 흘러가는 강물과는 거리가 멉니다!

장 미셸 베스니에   그건 확실합니다. 그래서 저는 그런 미래에 대비하기 위해서 점점 기술 위주에서 인간 위주로 무게 중심을 이동시켜야 한다고 주장하는 것입니다. 인간이라는 종에게만 고유한 상징적 차원을 유지하는 데 힘을 모아야 합니다. 기술(도구)과 언어(일상적으로 사용되는 말, 즉 소쉬르식 의미에서의 파롤parole) 덕분에, 구석기 학자들과 철학자들은 인간이라는 종, 오직 인간들만 역사를 지닐 수 있다고 말해왔습니다. 노파심에서 분명히 해두는데, 난 분명 '기술'과 '언어'라고 말했습니다. 플라톤은 초기 대화편 가운데 하나인 『프로타고라스』에서 프로메테우스 신화에 대한 언급을 마무리 지으면서 이 점을 강조합니다. 인간이 생존 수단으로 예술 또는 기술 지식만을 전수받았다면 결코 오래도록 살아남을 수 없었으리라는 거죠. 그랬다면 인간 사회는 경쟁과 이기주의에 함몰되어 변태적이고 혼돈스러운 상태를 벗어나지 못했을 것이다, 요컨대 인간 사회는 더불어 살기에 적당하지 않은 곳으로 판명 났을 거라는 말입니다. 이를 일찌감치 예감한 제우스는 헤르메스를 불러 인간에게 정치 기술, 즉 논리적으로 의견을 개진하고 심사숙고하여 기술이 제공하는 여러 가지 가능성들을 놓고 궁극적으로 나아가야 할 방향을 결정하는 데 사용될 수 있는 언어를 주라고 했습니다. 그래야만 인간이 조화로운 사회를 건설할 수 있으며, 그 안에서 제대로 된 삶을 영위할 수 있을 거라고 말했죠. 이는 곧 저의 입장이기도 합니다. 저를 아둔한 기술 혐오주의자 부류로 치부하는 건 부당하다고 생각하지만, 저 같은 입장은 요즘처럼 숫자와 계산이 추앙받는 맥락에서라면 환영받기 어려울 테죠. 논리 정연한 성찰에 숫자로 맞서는 현상은 문화에 기반을 둔 언어를 배제하고 신호와 코드만을 중요시하는 기술 지향적 과학의 진화 추이를 상징적으로 보여준다고 할 수 있습니다. 적어도 바이오보수주의와 테크노진보주의의 대면이라는, 막연하고 추상적인 관념에서 벗어날 수 있는 입장을 지지할 수 있어야 한다고 생각합니다.

로랑 알렉상드르   하지만 바이오보수주의와 테크노진보주의는 이미 현실이 되어 대면하고 있습니다! 프랑스 사람들은 대체로 극단적인 바이오보수주의자들이죠. 태아를 대상으로 지능지수 향상을 꾀해도 좋다고 찬성하는 비율이 13퍼센트에 지나지 않거든요. 반면 인도와 중국에서는 이

비율이 각각 38퍼센트와 39퍼센트로 집계되고 있어요. 중국에서도 특히 젊은이들은 50퍼센트가 이를 찬성합니다. 실제로 중국인들은 이 방면의 기술 분야에서 가장 수용적이며, 바이오 기술을 이용해 자식의 지능을 향상시키는 문제에 대해서 아무런 거부감도 보이지 않습니다. 86개체의 인간 배아를 대상으로 하는 최초의 유전자 조작도 2016년 4월에 중국 과학자들에 의해서 이루어졌죠. 이들은 언론을 통해 이 실험에 대한 국제적 반대 청원이 쏟아지고 난 직후에 실험 결과를 발표했습니다!

이러한 기술이 신뢰할 만한 수준에 이르렀을 때, 다른 나라들보다 앞서서 어린이들의 뇌 역량 강화에 대한 사회적 합의를 이룬 나라들은 오늘날과 같은 지식 기반 사회에서 지정학적으로 엄청나게 유리한 고지를 점령할 수 있을 것입니다. 옥스퍼드 대학의 철학자 닉 보스트롬Nick Bostrom 은 유전자 염기서열 해독에 따른 태아 선택으로 수십 년이라는 기간 동안 한 나라 국민의 지능지수를 60포인트 이상 향상시킬 수 있을 거라고 전망했습니다. 거기에 태아의 유전자 조작까지 더해진다면 그 결과는 훨씬 더 놀라울 테지요. 우생론에 호의적인 나라들이 재빠르게 세계의 주인으로 부상할 겁니다!

장 미셸 베스니에　개인적으로는 그런 식으로 지능지수를 '물신숭배'하는 것에 의아함을 금치 못하겠네요. 그런 것은 다른 시대의 일 같아서요. 지능의 물신숭배가 함축하고 있는 지능의 개념은 너무도 편협하기 때문에 시대에 뒤떨어진 발상 같아서 도저히 지지할 수가 없습니다. 물론 인간이라는 종을 품종 개량하는 것은 얼마든지 바람직하다고 하겠으나, 그렇다고 그것이 단순히 방금 이야기한 것처럼 개개인의 역량이나 재능을 향상시키는 것을 의미하는 건 아니라고 봅니다. 인간을 계측이라는 틀에 가둠으로써, 혹은 디지털을 지향하는 문화와 구글, 애플, 페이스북, 그리고 아마존의 하수인들이 사족을 못 쓰는 연산법이나 신진대사의 대상 정도로 축소시킴으로써 인간을 동물화 혹은 기계화하려는 것이 아니라면 말입니다.

로랑 알렉상드르　하지만 우리가 원하든 원하지 않든, 인간의 개념을 수정하는 것까지 포함하여 내일의 인류가 어떠하리라는 윤곽을 그리고 있는 건 누가 뭐래도 바로 구글,

애플, 페이스북, 아마존, 이 네 회사(GAFA)입니다.

장 미셸 베스니에　선생님은 물론 제가 그 의견에 동의하지 않으리라 생각하시겠지만, 바로 그런 문제에 관해서 토론을 해보자는 것이 이 책의 목적이죠.

2장

인류는 시험관에서
만들어지게 될까?

성경은 여성들이 고통 속에서 출산하게 되리라고 예언한다. 실제로 여성들은 수천 년 동안 출산의 고통을 견뎌왔다. 그런데 그건 과연 피할 수 없는 운명인가? 기술의 진보는 진정한 의미에서의 인공 자궁 생산을 고려하는 단계에 이르렀으며, 이것이 현실이 되면 미래의 인류는 시험관 속에서 부화하게 될 것이다.

로랑 알렉상드르　일단 사실 확인을 먼저 해봅시다. 인간은 이미 번식 방식을 바꾸었습니다. 가족계획이 여성의 지위와 가정의 운영 방식을 혁명적으로 바꿔놓았으니까요. 그런데 우리는 여기서 그치지 않고 더 빠르게 변화하고 있습니다. 대다수 부모들은 완벽한 아기를 갖고 싶다는 욕망을 지니고 있을 뿐 아니라, 사회 전체에 출산과 관련한 위험을 최소화하자는 분위기가 퍼져 있으니까요. 기술 지원을 받는 출산이 제도화되는 이유이기도 하죠. 안전도 보장되지 않고 무통 주사도 맞을 수 없는 집에서 아기를 낳는다는 건 오늘날 정신 나간 짓처럼 여겨집니다. 1930년대만 해도 집에서 출산하는 것이 보통이었는데 말입니다. 이처럼 배아를 선별하고, 기준에 부합하지 않는 태아를 지우는 일도 앞으로는 합리적이고 이성적인 임신 출산의 전형적인 과정으로 자리 잡게 될 겁니다.

장 미셸 베스니에 그런 시각을 실제로 외부발생ectogenèse이라고 하죠. 외부발생은 엄마의 몸 밖에서 태아가 자라는 것을 말합니다. 얼마 전까지만 해도 그런 일은 올더스 헉슬리의 『멋진 신세계』에서 볼 수 있는 디스토피아에서나 벌어지는 일이라고 생각했습니다. 그런데 외부발생은 벌써 새끼 양들에게 적용되고 있으며, 몇십 년 후에는 인간에게도 적용될 것입니다. 생물학자이자 철학자인 앙리 아틀랑Henri Atlan은 2030년에는 인공 자궁 덕분에 여성이 임신이라는 굴레에서 해방될 것이며, 이후 이러한 번식 방식이 전형적인 것이 될 것이라고 내다봅니다.

로랑 알렉상드르 아틀랑은 제가 보기에 이 문제에 관한 한 가장 정통한 전문가들 가운데 한 사람입니다. 아틀랑은 미숙아들을 위한 인큐베이터와 인공 자궁이 근본적으로 차이가 없다고 주장하죠. 이건 아주 중요한 문제입니다. 인큐베이터와 인공 자궁이 사실상 다르지 않다면 우리 사회는 동성애자들에게 지금보다 더 많은 권리를 인정해주어야만 할 테니까요. 동성애자들의 결혼도 처음에는 격렬한 찬반논쟁에 부딪쳤습니다. 하지만 이제 동성애자들의 결혼은 일반적인 일이 되고 있어요. 지난 수십 년 사이에 동성애자들은 성소수자로서 지위를 인정받고 보호받게 되었습니다. 이들은 결혼할 권리에 이어 이제는 평등의 이름으로 추가적인 법 개정을 요구하고 있습니다. 인공수정 시술을 받거나 입양할 권리를 요구하기도 하고, 대리모 제도를 합법화해달라고 하는 것입니다. 머지않은 장래에 우리 사회는 동성애자들에게 자식을 낳을 수 있는 권리를 인정하게 될까요? 나는 그렇게 되리라고 확신합니다. 지금 상황에서 부모가 되고 싶은 프랑스 동성애자들은 시험관 수정과 대리모를 통한 출산 시장이 합법화되어 있는 미국이나 아시아로 가는 수밖에 없습니다. 인터넷을 통해서 원하는 난자를 구입한 다음 아홉 달 동안 자궁을 임대하는 셈이죠. 이러한 사이트들에서는 난자 기증자의 신체적 특성이나 지능지수 등 매우 상세한 정보를 제공합니다. 동성애자 부모는 달이 차면 아기를 안고 프랑스로 돌아오고, 아이의 출생 신고를 하는 과정에서 관계 당국과 법적 마찰을 약간

겨지만, 일반적으로 당국에서도 눈감아 주는 편이죠. 하지만 아기는 부모 두 사람 가운데 한 사람만의 생물학적 결실이므로 이는 생물학적으로 번식에 참여하지 못한 나머지 한 명에게는 계속해서 좌절감을 안겨줄 것입니다. 레즈비언의 경우 제3자의 정자와 커플 두 명 가운데 한 명의 난자와 자궁을, 게이의 경우에는 두 사람 가운데 한 명의 정자와 대리모의 난자와 자궁을 이용해서 임신과 출산이 이루어질 테니까요.

사이보그와 페미니즘

사이보그에 대해서는 이런저런 말들이 무수히 많다. 그러나 가만히 보면 그 말들은 하나의 주제로 수렴되는데, 바로 사이보그라면 오래 전부터 인간을 가두었던 모순들을 넘어설 수 있지 않을까 하는 것이다. 사이보그는 상반되는 것(예를 들어 삶과 죽음, 남성성과 여성성, 의식과 무의식 등)을 동시에 내포하고 있기에 이거 아니면 저거 식의 양자택일에서 비껴나 있다. 사이보그는 모순을 넘어섬으로써 우리를 해방시키는 것이다. 사이보그는 육체적 무력함이나 자연스러운 대립에 따르는 한계로 빚어지는 수동성에서 벗어나게끔 해주는 역량을 가지고 있다. 그러므로 우리는 이 인위적인 피조물 자체는 물론이고 이러한 피조물에 으레 따라다니게 마련인 신화에 쉽게 이끌린다. 가령 양 극단 사이에 존재하는 긴장감이 사이보그라는 융합 존재 덕분에 사라진다거나, 그 결과 궁극적으로 인간의 역사마저 종말을 맞게 된다는 식의 신화를 생각해볼 수 있다. 내가 보기에 『사이보그 선언서Manifeste cyborg』를 쓴 도나 해러웨이Donna Haraway처럼 사이보그에 매료된 미국의 페미니스트들이 쓴 저서들은 이런 관점에서 볼 때 명료하게 이해할 수 있다. 이들은 성의 차이에 토대를 두고 있는 이원적 범주를 파괴함으로써 인간 해방이 가능하다고 본다.

장 미셸 베스니에

장 미셸 베스니에 잘 아시다시피 저처럼 사회가 진화해가는 양상에 반기를 드는 심리학자들은 동성애자들이 자식을 입양할 경우 아이가 심리적으로 혼란에 빠질 수 있다는 이유를 들어 반대합니다. 그들 사이에 분명 친자 관계가 성립될 수 없음에도 이를 받아들이라 부추기기 때문이죠.

로랑 알렉상드르 그러한 논리는 오늘날에는 상식으로 받아들여질 수 있지만, 머지않은 장래에는 생물학적으로 부적절한 발언으로 인식될 것입니다. 기술 발전과 더불어 동성애자들도 이성애자 커플과 마찬가지로 부모의 유전자를 생물학적으로 모두 보유한 자식들을 낳게 될 것이기 때문입니다. 유도만능줄기세포 IPS 기술*—일본의 야마나카 신야는 이 기술로 2012년 노벨 의학상을 수상했다—덕에 피부 아래쪽에 형성된 세포들인 섬유아세포로 정자와 난자를 만들어내는 일이 가능해질 테니까요. 수컷 생쥐 두 마리에게서 채취한 세포로 새끼 생쥐를 태어나게 하는 건 현재에도 이미 가능합니다. 이 기술을 인간에게 적용하는

---

* Induced Pluripotent Stem celle. 피부 성체 줄기세포를 이용해서 모든 유형의 세포를 배양시키는 기술.

게 시간문제라면, 동성애자들을 회원으로 두고 있는 시민 단체들은 이 시간을 최대한 줄이라고 압력을 행사할 테죠. 현재 예측할 수 있는 유일한 한계는 레즈비언 커플은 딸만 낳을 수 있다는 점 정도일 겁니다.

장 미셸 베스니에   트랜스휴머니스트들은 영원히 살고 싶다는 자신들의 환상을 실현시키기 위해서도 유도만능줄기세포 기술과 관련된 최근의 발견들을 활용하고 있습니다. 가령 우리가 체세포를 생식세포 상태로 되돌릴 수 있다고 가정해봅시다. 아시다시피 체세포는 생식세포에서 생겨났죠. 그렇게만 된다면 우리는 신체 기관을 계속해서 만들어 제 기능을 다한 기관들을 수시로 교체할 수 있을 뿐 아니라, 세포 퇴화의 원인이 되는 텔로머레이스(염색체의 길이를 짧아지게 만드는 효소) 기제를 무력화시킴으로써 아예 세포의 노화를 멈추는 방법도 상상할 수 있습니다. 장수, 심지어 불멸에 대한 집착은 그 어떤 경우에건 유성생식*에는 불리하게 작용합니다. 유성생식은 동일한 복제가 아닌 다양성을 필요로 하기 때문에 생명을 지속시키기

---

* 암수의 생식세포가 결합하여 새로운 개체를 만드는 생식 방법.

위해서는 새로운 탄생과 죽음이 필요하기 때문입니다. 그런데 영생을 꿈꾸는 트랜스휴머니스트들은 생명을 사랑하지 않는지 유성생식을 무화시키려는 태세입니다. 그렇다고 이들이 삶에서 성생활을 제거해버린다는 의미는 아닙니다. 하지만 미셸 우엘벡Michel Houellebecq의 작품에 나타나는 것처럼, 적어도 성생활을 포르노 영화식의 기계적 기제로 축소해도 무방하다는 입장을 견지합니다. 조금 더 자세히 들여다보자면, 그들 입장에서는 사이버 성생활과 결합된 포르노그래피야말로 반복에 대한 강박 관념을 상징한다고 볼 수 있죠. 거기에서 죽음을 면하게 해주는 것으로 알려진 작은 죽음들(오르가슴)이 생겨날 테니까요.

로랑 알렉상드르　저는 인간이 번식 방식의 변화를 정당화하는 다른 이유가 있다고 봅니다. 세대마다 염색체를 구성하는 30억 개의 DNA 염기서열 가운데 1천 개 정도가 정자와 난자를 생성하는 세포 분열 과정에서 잘못 복제됩니다. 이 복제 오류가 말하자면 변화가 비집고 들어갈 수 있는 틈새가 되는 거죠. 만일 복제 과정에서 오류가 일어나지 않았다면 종은 진화하지 못했을 것이고, 우리는 언제까지고 박테리아 정도의 수준에 머물러 있을 테죠! 자연선택에 의해 부정적인 변이는 제거되어왔습니다. 해당 게놈이 다음 세대로 전달되지 않았다는 말이죠. 왜냐하면 그 게놈을 보유한 자들은 번식 가능한 연령에 도달하지 못했으니까요. 하지만 다윈식의 진화론은 인간의 뇌를 탄생시키면서 스스로의 뿌리를 뽑아버릴 토양을 만들고 말았습니다. 우리가, 우리의 뇌가 연대 의식이 강한 인간 사회를 형성하게 되면서 자연선택 원칙이 상당히 느슨해졌다는 말입니다. 눈에 띄게 감소한 영아 사망률은 자연선택의 압력이 훨씬 줄어들었음을 입증합니다. 17세기에는 영아 사망률이 30퍼센트 정도에 이르렀지만 오늘날에는 0.3퍼센트 정도에 불과하거든요. 오늘날 살아남은 아기들 가운데 상당수가 예전 같았으면, 그러니까 자연선택이 훨씬 엄격하게 작동하던 시절이었다면 자손을 번식할 나이까지 살 수 없었을 겁니다. 곧 자연선택은 스스로 제 무덤을 팠다는 말이죠. 다행스럽게도 오늘날에는 특히 인지 역량이 떨어지는 아기들이 제거되는 경우란 거의 없으니까요. 의학, 문화, 교육법 등이 아이들에게 부족한 것을, 적어도 일정 기간은 보완해줍니다. 그런데 우리의 유전적 자산은 다윈식

선택이 이루어지지 않을 경우 지속적으로 퇴화하도록 되어 있습니다. 그렇다면 후손들은 앞으로 수세기 혹은 수천 년 후에 모두 멍텅구리가 될까요? 물론 그렇지 않습니다! 바이오 기술이 퇴행성 진화를 보완해줄 테니까요.

유전자의 퇴화

과학 전문 학술지《셀Cell》에 게재된 한 논문이 말 그대로 폭탄 효과를 가져왔다. 문제의 논문의 저자는 우리의 지적 역량이 미래에 퇴화할 것이라 예측했다. 진화에 불리한 변이가 우리의 뇌 기능을 관장하는 DNA 염기서열에 축적되기 때문이라는 것이었다. 실제로 우리 몸속에는 두 가지 상반되는 경향이 작용한다. 하나는 긍정적인 것으로, 인간 종의 내부에서 이루어지는 이종교배를 통해서 다양한 유전자 변이체들의 혼합—혼합을 통해 생물학적 혁신이 이루어질 수 있다—이 진행된다는 점이다. 인간은 7만 5천 년 전에 여러 개의 다른 집단으로 분리되었는데, 이 집단은 제각기 다른 유전자 변이를 겪었다. 현재 이루어지고 있는 혼합은 이렇듯 현대적 운송 수단이 출현하기 이전에 갈라진 집단들이 지닌 각기 다른 유전자들이 한데 섞이는 결과를 낳는다. 그러나 다른 한편으로는 불리한 유전자 변이체들도 인간 게놈 속에 축적되고 있다. 최근에 축적된 것들은 관찰만 할 수 있는데, 2012년 11월 말《네이처》에 발표된 한 연구에 따르면, 인간에게서 발견된 해로운 유전자 변이체들 가운데 80퍼센트는 지금으로부터 불과 5천 년 내지 1만 년 전에 출현한 것들이라고 한다.

로랑 알렉상드르

장 미셸 베스니에 방금 자연선택 이야기가 나왔죠. 성생활은 당연히 죽음과 연결되어 있으며, 트랜스휴머니스트들이 키워가고 있는 영원불멸이라는 환상은 그 기저에 유성생식의 제거를 깔고 있습니다. 의사이자 인류학자인 자크 뤼피에Jacques Ruffié는 저서 『섹스와 죽음Le Sexe et la Mort』에서 이런 말을 했습니다. 자연선택은 환경에 적응하고 스스로 새로워지기 위해서 다양성을 내포하고 있어야 하는 복잡한 생명체들에게 유성생식이라는 옵션을 택했다고 말입니다. 그렇게 함으로써 자연선택은 죽음 또한 제대로 자리를 잡게 만들었죠. 그는 우리가 "섹스와 죽음이 낳은 자식들"이라고 설명했습니다. 자연선택이라는 관점에서 보면 죽음은 많은 이득을 줍니다. 그는 "유성생식은 원래의 유전자를 자산으로 지니고 있으면서도 똑같지 않은 유형을 창조한다. 그러나 이 새로운 유형은 예전 유형들이 자리를 내주어야만 자신들의 유전자 변이체(그중에서도 특히 가장 적응력이 뛰어난 조합)를 확산시킬 수 있다. 이는 훗날 이들 새로운 유형이 자손을 번식할 때도 마찬가지"라고도 덧붙였습니다. 무성생식을 통해서 자손을 번식하는 초보적인 생명체의 경우 거의 영원불멸이라고 할 수 있습니다. 이러한 생명체들은 자신의 몸을 분할·재생함으로써 번식하죠. 그러므로 주변 환경이 안정적이기만 하면 이들은 죽지 않고 영원히 살 수 있습니다. 하지만 이것들은 변화할 수 있는 역량을 지니지 못했으므로 우리가 누린 것, 즉 진화를 통한 성장과 발전은 알지 못합니다.

로랑 알렉상드르 인간이라는 종이 번식하는 방식을 다시 생각하겠다는 야심은 내가 보기에 전혀 과도한 것 같지 않습니다. 우리의 게놈과 그 게놈을 조작하는 방식에 대해 점점 더 상세한 지식이 쌓이게 되면 새로운 세대가 짊어져야 할 유전자 짐이 줄어들 테니까요. 그래서인지 2014년에 프랑스의 국가 윤리자문위원회는 예상을 뒤엎고 태아의 DNA 염기서열 판독을 허락했습니다. 이보다 더 놀라운 건 아기들의 유전자 수정이 점차 강제화되리라는 전망입니다. 이 과정에서 난자 공학은 아주 중요한 역할을 담당합니다. 벌써 2009년부터 연구자들은 영장류 줄기세포의 미토콘드리아를 대체하는 데 성공했으며, 인간을 상대로도 같은 실험을 하고자 합니다. 미토콘드리아는 박테리아인데, 지금으로부터 약 10억 년 전에 핵을 지닌 세포 속에 들어와 에너지 생산을 전담하는 부속이 되었습니다. 미토콘드리아는 자기들만의 고유한 DNA를 지니고 있으며 이들의 DNA는 돌연변이를 일으킬 수 있죠. 그러므로 어떤 사람들은 자기 세포 안에 양질의 "에너지 생산 공장"을 가지고 있는 반면, 어떤 사람들은 그보다 저급한 품질의 공장을 돌리고 있을 수도 있다고 봐야죠. 그리고 그 때문에 근병증, 신경퇴행성 질병, 난청, 실명, 특정 형태의 당뇨병 등 몇몇 종류의 질병을 일으키기도 합니다. 아무튼 인간에게서도 똑같은 방식으로 미토콘드리아를 대체하는 일이 곧 현실이 되리라고 보아야 합니다. 영국의 국가 윤리자문위원회는 나쁜 유전자를 포함하고 있는 미토콘드리아를 배제하기 위해서라면 이러한 방법을 활용해도 좋다는 입장입니다. 즉 다른 여자의 미토콘드리아를 이식받는 거죠. 미토콘드리아는 본래 모계로부터 전달받으며, 난자의 세포질에 들어 있습니다. 태어날 아기의 세포에 확실히 "좋은" 미토콘드리아가 함유되도록 하기 위해, 시험관 수정이 이루어지는 단계에서 좋은 미토콘드리아를 가진 여자의 난자핵을 나쁜 미토콘드리아를 가진 여자(생모)의 핵과 교체한 다음 생부의 정자를 주입하여 배아를 만들게 됩니다. 그러므로 영국 윤리자문위원회는 세 명의 부모(엄마 두 명+아빠 한 명)가 한 명의 아기를 만들어도 좋다는 허락을 내린 겁니다. 이 같은 방식의 치료는 태어날 아기뿐만 아니라 그 아기가 딸일 경우, 그 딸의 자손에게도 효과가 있습니다. 난자의 미토콘드리아와 달리 정자의 미토콘드리아는 수정이 이루어질 때 파괴되기 때문입니다.

장 미셸 베스니에　그런 전망은 인류가 복제를 통해 번식하는 것과 다름없습니다. 하지만 인간 종에 반하는 범죄라는 이름으로 인간 복제를 아무리 금지하고 범죄시해도 소용없겠죠. 인류의 미래를 위해 투쟁한다고 공공연히 주장하는 사람들은 그런 정도의 위협은 점점 더 무시하려 드니까요. 그들은 생명 창조, 특히 유전자 판독으로 선택된 게놈을 복제하는 방식을 이용해 인류 창조의 위업을 달성하는 것만이 진정한 의미에서 인류의 앞날을 생각하는 것이라 여깁니다. 그렇지만 위에서도 설명했듯이, 유성생식은 선택적인 수단입니다. 그 덕분에 대부분의 동물 종들이 이제껏 생존해왔으나, 동시에 그로 인하여 죽어야 했습니다. 그런데 트랜스휴머니스트들이 바꾸고자 하는 건 수태 방식이 아니라 번식 기제 자체입니다. 실제로 NBIC 융합 프로그램에 활용되는 바이오 기술은 프로그래밍을 통한 생명체의 탄생, 다시 말해서 복제 기술을 활용해서 유성생식을 제거하는 데 초점이 맞춰져 있습니다. 트랜스휴머니즘에도 여러 분파가 있으나 한 가지 점에서는 의견이 일치하는 것 같더군요. 즉 생명의 탄생이란 우연의 산물이기 때문에 인간의 약점을 고스란히 노출하는 것이며, 이것은 극복해야만 하는 장애라고 여기는 것입니다. 기술의 도움을 받은 생식이 지니는 장점으로 흔히 영화『가타카』를 예로 들죠. 기술이 우리를 완벽하게 해준다면, 그 기술은 난자와 정자가 어쩌다가 만나 아이를 만들어내는 탄생의 우연성을 제거해줄 수 있어야 한다고 말입니다.

로랑 알렉상드르 나도 전적으로 동의합니다! 이렇게 해서 우리 바이오 기술이 말하자면 리히터 규모의 한 단계를 넘어서는군요. 지금까지는 한 개인의 유전자를 바꾸는 것까지는 용인하더라도 그것이 후대에까지 전달되는 것에는 찬성할 수 없다는 입장이었죠. 그런데 현실적으로 세대가 바뀔 때마다 번번이 유전자 치료를 받아야한다면, 그것은 비합리적이지 않을까요? 그렇기 때문에 부모의 입장에서는 한 번의 결정적인 치료로 후대에는 근병증*이나 헌팅턴병**에 걸리는 자손들이 나타나지 않기를 바랄 테죠. 그러

---

* 신경근육계통 질병의 하나로 근섬유가 약해져서 제대로 기능하지 못하는 증세를 보인다.

** 헌팅턴 무도병이라고도 하는데, 우성 유전에 의해 걸리는 희귀병으로 분류된다. 뇌세포가 죽어가면서 운동신경 조절이 제대로 이루어지지 않는 증상이 나타나고, 차츰 언어활동도 중단되고 치매와 같은 증상을 보이게 된다.

면서 그들은 반박하기 어려운 논리를 제시합니다. 만에 하나 우리 증손자들이 후손을 위해 어떤 조치를 취하지 않을 경우, 다시금 그 병에 걸리는 악몽이 현실이 될 거라고요! 부수적으로, 이 새로운 형태의 유전자 치료는 동성애자들의 자손 번식에 관한 뜨거운 논란을 불러일으킬 것입니다. 이 기술이 널리 보급되면, 가령 정자를 사용하지 않고 두 개의 난자만으로도 아기를 만들 수 있게 될 텐데, 이는 레즈비언 공동체에는 굉장한 희소식이 되겠죠. 생물학이 너무도 빨리 발전하는 바람에 우리 사회는 바이오 기술이 눈사태처럼 밀려와 궤도를 벗어나는 현상 때문에 몸살을 앓게 될 것입니다. 공연히 심려만 끼치게 될까 조심스럽습니다만, 유전학자들은 현재 이보다 더 염려스러운 단계를 넘어서려는 중입니다. 그들이 이 단계마저 넘어서게 되면 우리는 인류에 대해 이제까지와는 완전히 다른 정의를 내려야 할 것입니다. 하버드 대학의 조지 처치George Church는 뛰어난 재능과 우상파괴적인 기질을 지닌 유전학자로 골수까지 트랜스휴머니즘에 젖어 있는 인물입니다. 그런 그가 스물네 명의 학계, 산업계 인물들과 함께 2016년 6월 2일

《사이언스》에 "HGP(Human Genome Project)-Write"*를 발표했습니다. 이들 합성생물학계의 리더들은 10년 안에 타불라 라사tabula rasa, 그러니까 새로운 인간 세포를 만들어 낼 수 있도록 완전히 새로운 인간 게놈을 창조하고자 합니다. 이 기술을 이용하면 어느 한 쪽의 부모도 없이 배아를, 즉 아기를 만들어낼 수 있습니다. 그런 까닭에 많은 과학 자들과 신학자들은 충격에 빠졌죠. 물론 그런 일이 실현되려면 아주 긴 시간이 필요할 테지만 말입니다. 그러니 이렇게 되면 '맞춤 아기' 정도가 아니라 완전히 새로운 인류가 태어나게 되는 거죠.

---

* 1984년에 시작된 인간 게놈 프로젝트가 인간의 게놈을 판독하는 데 집중했다면, 이제 그간에 이룩한 성과를 바탕으로 판독 수준에 머물지 말고 게놈을 새로 쓰자, 즉 인공게놈 합성을 추진하자는 취지의 프로젝트.

3장

인체를 기계처럼 다 고치는 게 옳은 일일까?

질병과 장애는 견디기 어려운 일이며, 여기에 이의를 제기하는 사람은 없다. 그런데 인체의 모든 부분을 기계 고치듯 다 고치는 게 과연 가능할까? 기술 발전으로 이러한 가능성도 점쳐지고 있다. 하지만 기계가 모든 것을 고칠 수 있게 된다면 인간을 진정한 의미의 인간으로 만들어주는 유의미하고 상징적인 차원을 저버릴 위험도 있지 않을까?

장 미셸 베스니에　세계보건기구가 1946년 건강에 대한 정의를 제시한 이후, 웰빙은 개인적 수준에서건 집합적 차원에서건 공히 강박관념이 되었습니다. 예전에는 환자만 돌보면 되었던 의사가 이제는 일선에서 웰빙을 담당하는 기술자가 되었을 정도니까요. 건강이 더 이상 '신체 기관의 평온'이 아닌 웰빙—본질적으로 웰빙은 행복과 마찬가지로 제한이 없죠—의 발현으로 인식되기 시작하면서 의사가 영향력을 끼치는 영역은 훨씬 넓어졌습니다. 요즘 들어서는 아예 기존 역량을 유지시켜주는 것뿐 아니라 새로운 역량을 만들어내고 그것을 증강시켜달라고 요구하는 수준에 이르렀습니다. 그것이야말로 우리의 활력을 드러내주는 증거니까요. 사정이 이렇다 보니 의사는 미리 알아서 질병을 예방하고, 고장날 만한 신체 기관들을 알아서 고쳐 주어야 합니다. 질병은 그저 신진대사 기능이 정지한 것일 뿐이며 일시적인 고장에 불과할 뿐이니까요. 기계를 다시금 움직이게 하는 것은 유능한 의사라면 반드시 해내야 할 일입니다. 거기에 더해서 그 기계의 성능을 한층 더 향상시킨다면 금상첨화겠죠. 그러기 위해서는 도구가 가장 중요합니다. 바이오 기술과 인지과학, 나노 기술과 영상과학의 총화가 전통적으로 의사들이 진행해온 청진과 촉진, 임상 문진 등을 대체하게 되겠죠.

생명체에 대해 기계적인 정의를 내리고 고장난 것을 수리한다는 어휘를 받아들이는 순간, 우리는 건강(다시 말해서 웰빙) 분야에서 기술이 무소불위의 권능을 발휘하게 되리라는 걸 예상해야 합니다. 그에 따른 결과로 증강인간이라는 시나리오도 받아들여야 할 테고요. 현재 이 시나리오는 아직까지는 컴퓨터와 결합한 의학과 관련된 하나의 선택 가능한 전망으로 받아들여지고 있는 듯합니다. 하지만 질병과 환자를 대하는 눈을 완전히 바꾸어놓는 이 새로운 상황은 인간에게 특별함을 부여해주는 상징성을 배제해 버립니다. 이 상징성은 인간을 다른 생물처럼 그저 단순한 생명체로 여길 수 없게 하는 특별함을 부여해주는 것인데, 가령 기호를 사용해 서로 대화할 수 있다는 점을 들 수 있습니다. 이는 다른 동물들이 머물러 있는 자연 상태를 뛰어넘는 우리의 능력, 우리가 만들어내는 기제와 우리 자신을 별개로 생각할 수 있는 능력 등을 말합니다. 인간은 동물이나 로봇처럼 단순히 신호의 매체 역할만 하는 것이 아닙니다. 우리는 기호를 만들어 사용합니다. 질병은 우리에게 분명 어떤 의미가 있습니다. 질병은 우리가 세계에 존재하는 방식을 드러내 보이기 때문입니다. 예컨대 질병은 우리가 인간의 핵심적인 구성 요소라 할 수 있는 나약함에 동의하느냐 하지 않느냐, 새롭게 제시되는 미래 전망에 자신을 개방하느냐 아니면 원래의 자신으로 남아 있느냐, 이런 것들에 대해 성찰하는 계기가 될 수 있습니다. 따라서 질병은 분명 상징적인 몫을 지니며, 심지어 우리는 우리의 정신세계를 제대로 유지하기 위해서라도 질병의 상징성을 고려해야 합니다. 그 상징성이 우리의 정신을 전혀 예상하지 못했던 곳까지 데려가기도 하니까요.

인간의 질병을 오직 신체 기능적인 면에만 국한시키는 것을 거부한다고 해서 모든 질병이 정신에서 기인한다고 주장하는 건 아닙니다. 만일 그런 식으로 결론을 짓는다면 이분법 외에 다른 방식은 고려하지 못하는 디지털적 사고 방식만 남을 테니까요. 가령 신체적이냐 정신적이냐 둘 중 하나를 고르라는 식으로 말입니다. 제3의 해결책은 없다는 거죠! 정신분석가 그로덱Groddeck 같은 사람은 사소한 감기 기운에서도 히스테리 증상을 찾아냈다는 일화가 있습니다. 반면 병을 치료할 때 눈에 보이지 않는 정신적인 면은 상상조차 하지 못하는 의료 기술자들도 많죠. 그렇다면 부단한 대화를 필요로 하는 치료와 도구에만 의존하는 수리, 인간관계처럼 시간을 요하며 비정형적인 요인과 즉각적인 반응을 반드시 요구하는 치료 기록 등을 서로 추상적으로 대립시키는 관행은 어떻게 해야 피할 수 있을까요? 환자가 호스피스 병동으로 들어온 후에야 기술에만 의존하는 의술이 환자에게 인간적으로 어떤 폐해를 입혔는지 가늠하기 시작하는 건 너무 어리석은 짓입니다. 지금은 호스피스 병동에 들어온 환자에게 이 병동에서는 더 이상 당신의 암을 치료하지 않는다, 여기에서는 항암치료 같은 게 없다, 그 대신 당신을 보살펴줄 것이다, 이런 식으로 이야기하지 않습니까. 마치 기술이 실패하고 난 후에야 환자의

마음을 어루만져줄 수 있다는 듯이 말입니다. '생존 가능
성'이 6개월 미만이며, 신체 기제를 회복시키기 위해 의학
적으로 할 수 있는 일이 더 이상 없을 때에만 인간적인 접
근이 가능하다는 듯이 말입니다. 병을 치료할 때 기술적으
로만 접근하면 환자가 느끼는 외로움은 절대 치유될 수 없
습니다. 환자의 고독감을 살피려면 인간은 숨만 붙어 있으
면 되는 단순한 생명체가 아니라는 점을 의료진과 환자 모
두 인식해야 한다는 말입니다.

로랑 알렉상드르   상징이며 기호에 대한 말씀은 잘 들었습
니다. 그런데 인간을 기술적으로 조작하는 것은 이미 오래
전에 시작되었습니다. 2005년에 프랑스인 이자벨 디누아
르는 세계 최초로 안면 이식 수술을 받았죠. 2013년 9월에
는 조제-알랭 사엘 교수팀이 '픽시움 비젼Pixium Vision', 즉
인공망막을 실명 환자에게 이식해 시력을 부분적으로나
마 회복시켰습니다. 2014년 5월에는 미국 정부가 절단된
신경에 곧바로 인공 팔을 접합시키는 수술을 허용했습니
다. 같은 해 9월, 자궁이 없는 서른여섯 살의 스웨덴 여성
이 사내아이를 출산했죠. 이 여성은 이미 여러 해 전에 생

리가 끝난 예순한 살 먹은 친척의 자궁을 이식받았습니다.

장 미셀 베스니에　방금 열거했듯이, 웰빙을 전적으로 기술에만 의존하게 되면 우리 안에 깃들어 있는 인간성은 점차 그 자리를 잃고 밀려나게 될 것입니다. 고장 난 기관은 수리하면 된다지만, 내면의 삶에 대해서는 어떻게 해야 하죠? 의사가 고통을 토로하는 환자의 말을 충분히 들어주지 않고, 활용 가능한 도구들—사실 의사는 이미 그 도구들에게 주도권을 빼앗겼죠—이 제공해주는 자료를 수집하고 해독하는 것에만 열을 올리는 건 의사 스스로가 자신이 보유한 의술은 이미 의술이 아니며 자기 자리를 연산과 자료 활용(그 유명한 빅데이터 말입니다!)에 내주어야 한다고 믿고 있기 때문입니다. 앞으로 사람들은 기술이 결정권을 갖기를, 바꿔 말하면 기술이 의사와 환자를 둘러싼 이런저런 말들을 잠재워주기를 바랄 겁니다. 디지털 기술이 주도하는 환경 속에서 교육을 받은 의사들은 거의 자동적이라 할 만큼 정신분석은 물론이고 일반적인 심리 상담을 외면하고 있습니다. 이는 의미심장한 현상이에요. 규범의 틀에서 벗어난 환자의 경우 신체적 질병이 정신에 어떤 영향을 미치는지에 대해서는 눈감고 귀를 막을 뿐 아니라, 수량화 논리나 객관적 지표로 평가할 수 없는 것에 대해서는 경멸을 표하는 현 세태를 고스란히 보여주니까요. 이는 건강 염려증이 만연해지는 상황으로 가는 지름길이죠. 하긴, 이렇게 강박적으로 기술을 이용하게끔 우리를 길들여야만 앞으로도 계속 기술이 발전하기는 하겠군요.

로랑 알렉상드르 기술은 우리가 원하건 원하지 않건 발전하게 되어 있습니다! NBIC 융합에서 파생되는 기술혁신은 점점 더 신속하게 이루어질 것입니다. 그리고 그 내용도 점점 더 현기증 나고, 이제까지의 규범에서 보자면 궤도에서 멀어지는 정도 또한 심화될 테지요. 하지만 우리 사회는 점점 더 쉽게 그런 현상들을 받아들이게 될 겁니다. 이를 테면 인류는 규칙 위반의 미끄럼틀에 올라탄 셈이죠. 우리는 자신도 인식하지 못하는 사이에 트랜스휴먼, 그러니까 기술적으로 수정이 가해진 인간이 되어가고 있습니다. 지금부터 2050년까지 점점 더 충격적인 바이오 기술이 우리 사회를 강타할 것입니다. 예를 들어 줄기세포를 이용한 신체 기관 재생, 유전자 치료, 뇌 조직 이식, 노화 방지 기술, 맞춤형 아기를 위한 유전자 설계, 피부 세포를 이용한 난자 생산 같은 기술들을 생각해볼 수 있겠죠.

장 미셸 베스니에 확실히 우리는 이전보다 오래 살게 될 겁니다. 아니, 오래 살아남게 된다고 해야 하나요? 아무튼 기술은 본질적으로 보철의 성격을 띠고 있으며, 앞으로도 그래야 합니다. 무엇이 되었든 보철은 원래부터 없었거나 있다가 없어진(형성부전 환자, 불구자들은 큰 혜택을 받게 될 테죠) 신체 부위를 연장해주기만 한다면, 충족되지 못하는 감각 또는 역량을 대체해주기만 한다면 일단 바람직한 것입니다. 보철을 거부하는 청각장애인 또는 팔다리가 없는 사람들의 사례를 살펴보는 것도 흥미롭겠군요. 이들은 보철이 자신들에게는 낯설기만 한 행동 규범(청각 장애인 공동체에서 신호를 교환하지 말고 보청기를 착용하라는 지침을 내린다거나, 장애를 가진 사람들이 자신의 몸을 이용해서 만들어낼 수 있는, 자신의 몸에 적합한 행동 방식을 동원하는 것이 아니라 착용 자체가 매우 고통스러운 복잡한 보철을 착용하라고 권유하기)을 따르라고 강요하기 때문에 이를 거부한다고 합니다. 건강 면에서 기술이 지니는 소명에 관한 논란이라면 대략 다음과 같은 내용이 되지 않을까요? 일부의 생명을 구한다는 논리로 특이체질이나 개인의 행복의 조건을 구성하는 지극히 인간적이고 개별적인 개성 등을 무시하면서 모든 이들에게 자신의 틀을 강요한다고 말이죠.

바이오보수주의자 대 트랜스휴머니스트

우리들 가운데 대다수는 조금이라도 덜 늙기 위해, 조금이라도 덜 괴롭기 위해, 조금이라도 죽음을 늦추기 위해 바이오 혁명을 기꺼이 받아들일 것이다. 요컨대 '죽느니 차라리 트랜스휴먼이 되자'가 우리가 내거는 표어라 할 수도 있다. 실리콘 밸리에서 태동한 우주 창조 이데올로기로 이해할 수 있는 트랜스휴머니즘―트랜스휴머니즘은 NBIC에 힘입어 노화와 죽음에 대항해 싸운다고 주장한다―이 상승세를 보이고 있다. 이 말은 의학의 진보에 정치계는 반대하지 않을 것임을 의미하는 걸까?실제로 정치 판도는 새로운 축을 중심으로 서서히 변하고 있다. 좌파와 우파의 구분은 우리가 사는 21세기에는 이미 구시대의 유물이 되었다. 미래에는 바이오보수주의자와 트랜스휴머니스트의 대립을 축으로 바이오 정치계가 재편성될 것이다. 새로운 축을 중심으로 생성되는 공간에서는 지금까지의 예상과는 다른 합종연횡이 나타날 공산이 크다. 지금까지 극좌 세력의 대표로 분류되던 조제 보베José Bové* 같은 이는 가톨릭 원리주의자들과 결합하여 극단적인 바이오보수주의자 측에 서게 될 것이다. 조제 보베는 불임으로 고민하는 이성 커플이나 동성 커플을 위한 시험관 수정에 결사반대하며, 유전병 치료를 위한 유전자 치료에도 반대하는 입장이다. 그는 2014년 5월 1일, 가톨릭 채널 KTO에서 다음과 같이 선언했다. "나는 생명체에 대한 모든 조작은 그것이 식물에 관한 것이건 동물에 관한 것이건, 인간에 관한 것이라면 두말할 필요도 없이 모조리 무찔러야 한다고 믿습니다." 그런 조제 보베가 '라마니

* 1953-. 프랑스의 농부이자 정치인. 대안적 세계화 운동에 앞장서고 있다. 특히 유전자 조작 농산물을 반대하는 격렬한 투쟁으로 이름을 알렸으며 현재 유럽의회 의원으로 활동 중이다

프 푸르 투스La Manif pour tous'*의 대표로 이같은 기술
에는 호의적인 입장을 견지하는 뤼디빈 드라로쉐르
Ludivine de La Rochère**보다 더 지독한 보수주의자라고
할 수 있을까? 아무튼 NBIC 때문에 기존 정당들이
포진한 정계에는 곧 회오리바람이 몰아칠 것이다!

로랑 알렉상드르

* 프랑스에서 동성애자의 결혼을 허용하는 법안에 반대하기 위해 시위에 나선
시민단체들 가운데 가장 대표주자 격이었던 단체.
** 1971- . 프랑스의 독실한 가톨릭 귀족 가문에서 태어나 중학교에서 역사·
지리 교사로 봉직하다가 2013년 라마니프 푸르 투스의 대표가 되었다

4장

미래에 우리는 모두
사이보그가 될까?

생물학과 정보학, 그리고 공학의 융합이 빚어낸 새로운 기술들은 질병으로 고통 받는 인간의 육체를 고치는 것에 만족하지 않는다. 이 기술들은 인간의 육체를, 심지어 전혀 고장 나지 않은 건강한 육체까지도 향상시키고 증강시키겠다고 나선다. 그런데 이렇게 해서 태어나게 되는 새로운 인류, 몸에 첨단기술을 탑재해 기계 장치와 분리될 수 없는 이 신인류에 대해서는 어떻게 생각해야 할까?

장 미셸 베스니에　사이보그는 원래 1960년대에 우주비행
사와 각종 센서가 장착된 우주복을 가리키는 말이었습니
다만, 오늘날 이 용어가 생물학적 기관과 자동 조절 가능
한 기계 장치의 융합을 의미한다면 우리는 모두 사이보그
가 되는 중이라는 진단이 상당히 타당하게 들립니다. 인간
과 로봇의 결합은 현실이며 일찌감치 기정사실화되었으
니까요. 로봇이 탑재된 인간은 로봇의 고유한 작동 원리
때문에 그것을 따로 작동시킬 생각을 하지 않고도 기능할
수 있습니다. 페이스메이커를 달고 달리는 사람이 자기 심
장 상태에 대해 생각할 필요가 없는 것과 같은 이치죠.

로랑 알렉상드르　이 문제에 관해서라면 우선 최초의 사이

보그, 그러니까 심부전 말기로 고생하던 중 2013년 12월 18일 카르마트사가 만든 인공심장을 이식받은 환자의 이야기를 하지 않을 수 없습니다. 그의 인공심장 이식수술 소식에 프랑스 사회 전체가 얼마나 열렬하게 환호했습니까. 베스니에 씨도 물론 그중 한 명이었고요! 이것은 사회 분위기가 대대적으로 인간과 기계를 결합하는 신기술에 동의한다는 것을 보여주죠.

장 미셸 베스니에　그 부분이라면 그럴 수도 있지요. 하지만 기계 도구를 사용하는 사람(걷는 것을 도와주는 외골격을 착용한 마비 환자, 몸의 떨림을 조절해주는 뇌 자극기기를 장착한 파킨슨병 환자 등)은 그 도구의 모양을 그대로 받아들여야 하며 도구의 특성에 맞게 자신이 적응해 움직여야 한다는 사실을 잊어서는 안 됩니다. 도구는 신체의 연장이며 고려해야 할 신체의 바깥 세계를 결정합니다. 그런데 외골격 혹은 보철, 임플란트 내부에 들어 있는 인공두뇌학은 날이 갈수록 점점 더 강제적으로 사용자의 삶에 끼어듭니다. 그렇게 되면 이러한 도구를 장착한 사람은 몸에서 그 장치를 분리할 수 없게 되거나 몸이 장치와 융합하여 새로운 존재가 되고 말 것입니다. 우리 몸 안으로 들어가 종양의 유무를 감시하고 이미 만들어진 종양은 뿌리 뽑으며, 필요하다면 DNA의 결함까지 고치는 나노로봇이 출현하리라고 예상하는 사람들도 많습니다. 기계 덕에 걱정 없는 태평성대를 이루고 싶어 하는 꿈이라고나 할까요? 하지만 이 꿈은 기술의 지배가 절정에 도달했음을 알리는 신호탄 같은 것입니다.

로랑 알렉상드르 그 꿈이 현실이 될까 봐 실리콘 밸리까지도 불안해한다지 않습니까! 페이팔, 하이퍼루프, 솔라시티, 테슬라, 스페이스 X 등을 창립한 일론 머스크는 "인공지능이 잠재적으로 핵무기보다 더 위험하다"고 말했습니다. 일론 머스크는 우리가 인공지능의 반려견 같은 존재가 될 것이라고 전망했습니다. 공감 능력이 가장 뛰어난 사람들, 그러니까 인공지능의 관점에서 공감 능력이 있다는 말이 되겠죠, 그런 사람들은 인공지능의 반려견 같은 존재가 될 거라는 거죠. 자동기계와 같은 수준에 도달하기 위해서 구글의 일부 경영진들은 인간과 인공지능의 결합을 제안하기도 합니다. 인공지능에게 추월당하지 않기 위해서라도 사이보그가 되어야 한다는 말이죠! 기계가 사람보다 너무 월등한 존재가 된다면 사람은 영화 〈매트릭스〉에서처럼 인공지능의 노예로 전락하고 말테니까요. 증강 기술만이 인간에게 어느 정도 수준의 자율성을 보장해줄 유일한 수단으로 인정받게 될 겁니다. 인류가 노예화를 피할 수 있는 최후의 수단이 바로 인류의 자살을 초래하는 도구가될 것이라는 역설이 성립하는 거죠. 인공지능과의 융합은 결국 인간 1.0, 즉 생물학적 인간의 제거를 의미하니까요.

증강인간

기술에 의존한 '강화'를 추구하는 것은 실리콘 밸리에 만연한 유토피아 정신에 어긋난다. 영구적인 성장을 추구하는 기업가들이 주술처럼 내건 슬로건에 따르면, 실리콘 밸리가 원하는 건 "무엇보다도 혁신"이다. 그 때문에 '강화'를 뜻하는 영어 단어 enhancement를 '향상amelioration'이 아닌 '증강augmentation'으로 옮기는 편이 더 정확하다. 우리가 부정확하게 '향상'이라고 언급하는 것은 트랜스휴머니스트들의 입장에서 보면 수의사들의 세계와 훨씬 더 밀접한 관계가 있다. 수의사들의 세계에서는 생물과 인간의 삶―생물학적 신진대사와 사물의 의미에 대한 갈망―이 뚜렷하게 구분된다. 독일 철학자 페터 슬로터다이크는 이 점을 누구보다도 정확하게 이해했다. 그는『인간농장을 위한 규칙』이나『존재의 예속화』에서 인간에 의한 '인간기술'의 생산에 대해 상세하게 묘사했다.

장 미셸 베스니에

장 미셸 베스니에   제가 보기에 우리가 특히 사이보그에게 두려움을 느끼는 이유는 그것이 자아의 박탈을 동반하기 때문인 것 같습니다. 우리를 옥죄는 것들(마비, 장애, 실명 등)을 기계를 이용해 제어함으로써 자율성을 더 확보하게 되리라 믿었는데, 사이보그가 되면 자기 안에 자율적인 어떤 힘(자동으로 조작되는 인공보철)이 들어오게 되고 그 힘 없이는 아무것도 할 수 없음을 깨닫게 되기 때문이죠. 기계와의 결합은 결국 인간적인 것의 희생을 초래합니다. 인간이 기능하는 원리에는 어느 정도의 불확정성이 깃들어 있고, 인간의 생물학적 요소는 어느 정도의 우연을 만들어냅니다. 하지만 기계와의 융합은 이런 것들을 제거하라고 요구하죠. 사이보그는 그것을 구성하는 기술에 의해 정해진 프로그래밍에 복종합니다. 그러므로 엄격히 말하면, 사이보그에게는 애초부터 자유라는 개념이 어울리지 않습니다. 사이보그화란 안전성을 보장하기 위한 것이며 그러기 위해서는 우연성을 반드시 제거해야 하죠. 그런데 우리의 삶이란 우연 그 자체라고도 할 수 있지 않습니까. 분명 사이보그화로 인해 기술적으로 가능한 여러 역량을 실현할 수 있습니다. 하지만 이전에는 인간의 자유의지나 훈련을 통해 그런 역량을 얻을 수 있었다면 이제는 그런 것은 더 이상 관계가 없다고 생각하는 겁니다. 그렇기 때문에 우리는 인공두뇌학적 장치들을 소유하는 것이 어느 시점에 이르면 인간을 인간 아닌 것으로 만들게 되는 건 아닌지 거듭 질문할 수밖에 없죠.

로랑 알렉상드르　누군가가 인간적이라고 말한다면, 그 말에는 자유의지라는 개념이 내포되어 있습니다. 생물학자의 관점에서 이 말은 선천적인 것과 후천적인 것을 둘러싼 논쟁을 제기합니다. 허무주의로 인한 혼란을 피하기 위해 이 근본적인 철학적 논쟁을 명료하게 정리할 필요가 있습니다. 이는 사회적 합의와 인류 공통의 가치를 정비하는 것으로 아주 중요한 작업입니다. 유전자가 인격에 중대한 영향을 미친다고 생각하는 무리가 있는가 하면, 환경이 인간을 만든다고 믿는 무리가 있습니다. 진실은 아마 이 두 극단적인 의견의 중간쯤 되는 어딘가에 있겠죠. 특별한 재능, 인지 역량 등의 실현을 돕는 유전자 변이체가 분명 존재하긴 하지만, 개인을 빚어내고 이러한 역량을 발전시켜 나가느냐 아니냐를 결정하는 것은 삶이 주는 자극이라 할 수 있습니다.

바이오보수주의자들은 흔히 유전자 결정론의 논리에 의존하는데, 이는 바이오 기술의 도약을 저해하는 장애가 됩니다. 이들은 바이오 기술 개발과 관련된 시도들은 생명과 인간 종을 존중하지 않는 일이라는 명분을 들며 저지하고자 합니다. 그렇지만 인간 게놈 염기서열 해독으로 우리는 단순한 구분을 훌쩍 뛰어넘을 수 있게 되었습니다. 인간의 DNA에 인간에게만 고유한 유전자가 매우 드물다는 사실을 알게 되었으니까요. 동물의 게놈과 인간의 게놈 사이에는 차이점보다 공통점이 훨씬 많다는 사실이 밝혀졌죠. 이로써 우리는 인간 종에 대한 존중이라는 명제가 인간 게놈을 수정하느냐 마느냐의 여부와는 아무런 상관이 없다는 결론에 이르렀습니다. 인간은 침팬지와 98퍼센트의 게놈을 공유하고 있습니다. 또 실험용 쥐나 돼지와도 굉장히 가까운 사이입니다. 침팬지를 비행기 조종사로, 실험용 쥐를 핵물리학자로, 혹은 돼지를 첼리스트로 변모시키는 데 사용할 수 있는, 인간에게만 고유한 유전자란 존재하지 않습니다.

유전학은 그러므로 선천적/후천적 논쟁이 실질적으로 큰 의미를 갖지 못한다는 점을 일깨워줍니다. 물론 교육적인 면에서나 방법론적인 면에서는 두 가지를 구분하는 것이 유용하긴 하죠. 하지만 현실적으로 이 두 가지는 분리할 수 없을 만큼 촘촘하게 뒤엉켜 있습니다. 유전자로 인하여 이런저런 성격을 갖게 되거나 특정 병에 걸릴 확률을 어느 정도 수치화할 수는 있겠죠. 하지만 대부분은 주어진 환경과의 관계 속에서 발현됩니다. 여기서 '환경'은 사는 공간뿐만 아니라 생활 방식(담배를 피우는가, 술을 마시는가, 화학제품에 노출되어 있는가 등)과 문화, 교육, 사회 계층 등을 모두 포함합니다.

선천적인 것과 후천적인 것, 그리고 이데올로기

일부 보수적인 엘리트들이 유전학과 관련하여 보이는 터무니없는 허무주의적 태도는 주목해볼 필요가 있다. 프루동부터 마르크스에 이르기까지 대체로 사회주의는 인간 본성 자체는 중성적이며 환경이 중요한 역할을 한다는 입장을 취한다. 이들은 일종의 생물학적 결정론으로 회귀하는 것에는 그다지 우호적이지 않다. 스탈린이 군림하던 소비에트 연방 시절, 수백 명의 과학자들이 인간 존재의 일부분은 생물학적으로 이미 결정되어 있다는 주장에 지지한다는 입장을 드러냈다는 이유로 수용소에 보내졌다. "유전자냐 사회냐, 세습이냐 환경이냐, DNA냐 문화냐" 식의 이분법적인 논쟁이 이제 막을 내리게 되었다고 하면 이는 사회학자들에게는 아주 나쁜 소식이 될 것이다! 이들이 늘 해왔듯 설득력 있는 논리적 근거도 없이 서정적인 반생물학 연설만 현란하게 늘어놓는 것은 더 이상 통하지 않을 테니까. 사회학자들은 이제 유전학이며 후성설을 제대로 배워야 할 것이다. 유전자와 환경 사이에 매우 복잡한 상호작용이 끊임없이 이루어진다는 사실은 매우 혁명적이다! DNA와 부르디외* 사이에는 후성설이 있으며, 지나치게 단순화된 근거 없는 저주가 들어설 자리는 점점 좁아지고 있다. 현대 생물학은 사회학과 통합되기까지 아주 긴 시간 뜸을 들였지만 그래도 어쨌거나 성공했으며, 이는 도식적인 유전자 우위 측과 단순화된 유전자 부인 측의 지루한 공방보다 훨씬 만족스럽다. 앞으로 사회학과 유전학은 서로가 서로를 풍성하게 만들어 나갈 수 있게 되었다.

로랑 알렉상드르

---

* 피에르 부르디외의 아비투스Habitus를 말한다. 아비투스란 특정한 환경에 의해 형성된 성향, 사고, 인지, 판단과 행동체계를 의미한다.

장 미셸 베스니에   거기에 기술까지도 더하고 싶군요. 몸 속에 각종 수신기, 바이오 감응 센서, 피하 또는 뇌 임플란 트 등을 달거나 외부나 내부에 보철을 삽입한 인간은 언 제까지 자유의지를 가진 인간으로 인정될까요? 이것은 바 로 호세 파딜라 감독의 영화 〈로보캅〉(2014년)이 묘사하 는 상황이기도 하죠. 그에 비하면, 자신이 "세계 최초의 사 이보그"라는 케빈 워위크Kevin Warwick의 주장은 귀엽게 들 립니다. 이 영국의 인공두뇌학자는 팔에 전자칩을 집어넣 었습니다. 생각이라는 것을 하지 않고 전자 장파를 이용해 환경을 통제할 수 있음을 보여주기 위해서였죠. 이런 식이 라면 그르노블의 클리나텍Clinatec에서 실험한 기술의 혜택 을 받고 있는 소아마비 환자들은 사이보그화 경쟁에서 그 의 무서운 경쟁자라고 할 수 있습니다. 이 기술은 의식이 나 의도와는 무관하게 감각에 따라 시냅스를 해석하기 때 문에 더더욱 그런 셈이죠. 실제로 사이보그라고 말하기 위 해서는 신체에 장착된 인위적인 가공물이 단순히 신체의 기능을 연장하는 도구에 그치지 않고 자연적이지 않은 역 량까지 발현시킬 수 있어야 합니다. 그래서 사이보그가 증 강인간을 가리키는 또 다른 이름인 거죠. 증강인간은 고장

난 부위를 치료하고(하거나) 기술적인 것들을 더해 기능을 연장시킨 인간이 아니라, 유전자 공학을 통해 자연적인 인간은 가질 수 없는 감각적인 역량(예를 들어 박쥐의 청각이나 상어의 전파 감수성 따위)을 첨가함으로써 변형된 인간인 겁니다. 사이보그란 어쨌거나 인간의 역량을 넘어서는 능력을 발휘하기 위해 첨가물(바이오의태적일 수도 있고, 순수하게 기계적인 형태일 수도 있다)과 결합함으로써 인간이라는 테두리를 넘어섭니다.

5장

로봇과도 사랑을
나눌 수 있을까?

더 혼란스러운 것은 언젠가는 기계들이 감정이나 성욕처럼 우리가 가장 내밀하다고 여기는 것에도 반응하게 되리라는 점이다. 가상현실은 실재와 구분하기가 점점 더 불가능해지는 듯하다. 이러한 상황에서 궁극적으로 우리가 원하는 것은 무엇일까? 환상 속의 존재가 기계라는 형태로 구현되는 것? 아니면 우리의 환상을 기계 속에 투영하는 것?

장 미셸 베스니에　로봇과 섹스를 할 수 있을까라는 문제에 대해, 당연한 말이지만 저는 이것이 가능하다고 봅니다. 엄밀히 말해서 성생활이란 성감대(신체를 매체로 하는 모든 성감대, 즉 생식기 점막, 내장 점막, 항문 점막 등)를 자극하는 어떤 수단과도 가능합니다. 그렇기 때문에 인간은 온갖 것들과 섹스를 할 수 있습니다. 그러니 로봇이라는 기계와도 물론 사랑을 나눌 수 있죠. 어째서 사이버 성생활을 특별한 경우로 다루어야 하는 거죠? 공기를 주입하는 인형보다 성능이 더 낮기 때문에? 대체로 그렇겠지만, 그것만으로는 충분한 설명이 되지 않을 것 같군요.

로랑 알렉상드르　우리 삶에서 많은 사람들이 제3자와 성관계보다는 자위에 가까운 관계를 더 많이 맺고 있습니다! 그런 사람들에게 가상 관계가 결합된 로봇과의 정사는 단순한 자위행위에 비해서 분명 뭔가 더 있어 보이는 일로 여겨질 겁니다. 로봇과의 섹스가 일반화되기 위해서는 일단 로봇이 똑똑해져야 합니다. 그런데 그러려면 수십 년이 더 흘러야 합니다. 로봇이 지능까지 겸비하기 전에는 그저 약간 복잡한 섹스토이에 불과하겠죠.

프로이트가 본 성생활

성생활은 다양한 형태를 지닌다. 특히 성생활을 충동——충동이란 본질적으로 고통스러운 신체적 긴장감이 유지되는 상태를 의미한다——을 만족시키는 것으로 정의할 경우 더욱 그러하다. 프로이트 이후 모두가 잘 알다시피, 어린이들의 다형태적 도착(변태성욕) , 즉 아이들이 모든 신체 부분에서 쾌감을 느낀다는 사실은, 결론부터 말하자면 일종의 불편함의 산물이다. 풀어서 말하면, 신체의 긴장 상태는 문명화된 사회에서 이른바 '정상적'이라고 인정받는 수

단, 다시 말해서 성교를 통해 제거해야 하는데 어린
이들에게는 그렇게 하는데 적합한 생식기가 아직
갖추어져 있지 않으므로 궁색하게 다른 방식이 동
원되고, 그렇기 때문에 불편하다는 뜻이다. 프로이
트는 이를 통해서 성생활과 자손 번식의 분리를 정
당화할 수 있음을 깨닫게 해주었다. 사실 성생활과
자손 번식의 분리는 청교도주의의 영향력에서 벗
어난 현대 사회에서라면 너무도 당연시된다. 프로
이트가 정상적이라고 규정한 관계는 사실 성생활
을 할 때 성기가 충동의 원천이자 그것을 충족시키
는 기관이라는 생각에서 비롯된다. 이 경우 이성애
자건 동성애자건, 자연이 부여해준 궤도 안에 머무
르게 된다. 따라서 성적 도착이란 어린 시절에 형성
된 심적 영향이 잔존해 있는 것으로, 성인이 된 후에
도 어린아이 때처럼 리비도를 전 방위적으로 발산하
고자 하는 형태라 할 수 있다. 이러한 심적 경향은 사
회적으로 비난받으며, 잠재적으로 위험할 수 있다.

장 미셸 베스니에

89

장 미셸 베스니에   안드로이드 로봇은 인간의 모습을 하고 있지 않더라도 여느 기계와는 다릅니다. 혼자서 움직일 수 있으므로 자율적이라는 인상을 주죠. 그런 면에서 로봇은 정령을 숭배한다는 환상마저 불러일으킵니다. 우리는 로봇이 자신만의 세계관을 지니고 있어 로봇과 대화도 할 수 있으리라 생각합니다. 적어도 집에서 기르는 반려동물과 같은 정도—안드로이드일 경우에 이 느낌은 훨씬 더 강할 테죠—는 된다는 거죠. 우리는 반려동물에게 우리의 감정을 표현하기도 하고 이야기도 나누지 않습니까. 로봇은 거의 동물과 같은 존재라고 할 수 있습니다. 그러니 우리와 아주 가까운 존재지요. 우리 인간에 대해서도 "동물과 다를 바 없는 존재"라고들 하는 것과 같은 이치에요. 로봇이 대화 상대가 될 수 있다면 성생활에도 개입하지 못할 이유는 없습니다. 우리의 충동적인 흥분을 받아주고 이 흥분을 잠재워주는 기능을 수행할 수 있다면, 로봇은 이상적인 성적 파트너가 될 수 있을 것입니다. 실제로 로봇이 인간 파트너를 대체할 수 있다는 이야기가 자주 들리지 않습니까. 사람은 상대의 청을 거절할 수도 있고(아, 지금 머리가 몹시 아파! 여보, 오늘 저녁은 참아요!), 모든 기대치를 충족시켜주지 않을 수도 있으며, 오르가슴의 표현 여부로 상대를 주눅 들게 만들기도 하죠. 그러니 사랑의 밀어는 물론 허심탄회한 속내 이야기, 공상까지도 들려줄 수 있는 기계(2013년에 개봉된 스파이크 존즈 감독의 〈그녀〉)—그러면서도 쓸데없는 죄책감으로 변태 성욕자의 쾌감을 반감시킬 일도 없죠—로 변덕스러운 인간을 대체할 수도 있을 겁니다. 그렇게 되면 이미 오래 전부터 소비재의 반열에 들어섰으며, 그 때문에 포르노그래피에 의해 좌지우지되는 마케팅의 대상이 된 성생활은 로봇 산업의 마르지 않는 금맥이 되겠죠. 젊은 층이 충동적으로 포르노 사이트를 방문하는 횟수에 따른 효과를 연구 중인 중독전문가들이 발표했듯이, 어차피 인간들끼리 리비도를 발산하는 것이 정체 현상을 보이고 있다니 말입니다.

로랑 알렉상드르 영화 〈그녀〉에 대한 언급은 정말 적절하다고 생각합니다. 진정한 의미에서의 사이버섹스는 로봇공학, 인공지능, 뇌 과학, 페이스북의 오큘러스Oculus 헤드셋(가상현실을 마치 현실인 것처럼 보게 해주는 기구)과 같은 가상현실 산업이 효과적으로 접목되었을 때 비로소 가능해질 것입니다. 몇십 년 후에는 영화 〈그녀〉에서처럼 로봇과 사랑에 빠지는 일도 가능해질 겁니다.

장 미셸 베스니에   그 영화는 사이버적인 성을 그려냅니다. 이것은 탈상징화를 뚜렷하게 보여주는데, 탈상징화 속에서는 잠재적인 가능성을 갖춘 기계들이 등장하고 이는 인간에게 손해를 끼치게 되죠. 서로 사랑하는 남자와 여자, 사랑하는 관계에서 용인되는 밀당 혹은 접근 의식을 필요로 하는 한, 욕망은 무한히 계속되는 모험(욕망이란 영원히 욕망을 욕망하는 것이다)으로 우리의 성생활에 아로새겨져 있는 것입니다. 그런데 성생활이 욕망이 아닌 필요로 축소된다는 건 필요가 우리의 실존적 결핍을 대체해버린다는 말과 같습니다. 실존적 결핍이 있기에 우리는 서로에게 이끌립니다. 말하자면 커다란 구멍이 있고 그 구멍은 채워져야 하는 거죠(필요는 일단 충족되면 꺼졌다가 똑같은 모습으로 다시 나타납니다. 동물과 관련된 모든 과정이 그렇듯이 이러한 현상은 주기적으로 반복됩니다). 이러한 탈상징화, 동물화(필요가 욕망을 대체하는 현상)에 대해서, 사람들은 로봇을 보다 완벽하게 정비할 수 있다고, 다시 말해서 로봇에게 사랑의 몸짓과 태도를 모방할 수 있는 특성과 기술적 장치를 달아주면 된다고 반박할 것입니다. 로봇은 수음을 해주거나 스스로 수음을 하는 기계 이상이며, 인간은 로봇과 더불어 양면적인 감정을 일깨우는 불쾌한 골짜기*를 향해 나아가게 될 테죠. 이것은 물론 얼마든지 가능합니다. 벌써 적지 않은 우울증 환자들이 여기에 매혹되어 있는데, 그 우울증 환자들이란 다름 아닌 트랜스휴머니스트들입니다. 그들은 어찌되었든 생물학적인 충동은 경시하면서 기계와의 융합에만 열을 올릴 겁니다. 어차피 그들이 꿈꾸는 기계와의 융합으로 생물학적 충동은 잠잠해질 거라고 믿을 테니까요. 우리 미래가 비생물학적이라면, 성생활도 물론 로봇 쪽으로 옮겨가겠지만, 그것도 잠시일 뿐, 성생활 역시 죽음과 마찬가지로 자취를 감추게 될 것입니다. 그 둘은 분리할 수 없으니까요. 포스트휴머니즘이 제시하는 유토피아는 영원불멸을 기치로 내걸 수는 있겠지만, 그것이 도래하면 모든 형태의 성생활은 종말을 맞게 될 겁니다.

---

* 로봇이 사람의 모습과 점점 비슷해질수록, 인간이 로봇에 느끼던 호감은 강한 거부감으로 바뀌게 된다. 하지만 인간과 로봇이 구분하기 어려울 정도가 되면 다시 호감이 상승한다.

로랑 알렉상드르　아무튼 프랑스 공산당 대표였던 자네트 베르메르시-토레Jeannette Vermeersch-Thorez가 피임약의 상용화에 반대하기 위해 "언제부터 여성 노동자들이 부르주아 여성들이나 보이던 작태를 따라할 권리를 갖게 되었단 말입니까? 절대 안 될 말입니다!"라고 외쳤던 시대는 이제는 확실히 아득한 옛날이 되고 말았군요. 우리는 지금까지의 경험을 통해서 '금지된 것'에서 '용인된 것'을 거쳐 '허가된 것', 더 나아가서 '의무적인 것'이 되는 속도는 본질적으로 과학적인 발견의 속도에 달려 있음을 잘 알고 있습니다. 이건 주어진 사안이 어떤 윤리적 문제를 야기하느냐와 전혀 무관합니다. 성생활도 예외가 아닐 것입니다.

6장

인간이 늙지 않는다면
과연 좋을까?

'죽음을 보기 좋게 안락사시켜버리고 천 살까지 살자.' 아마도 트랜스휴머니스트들이 내건 약속들 중 우리를 가장 심란하게 만드는 약속이 아닐까. 구글도 이 문제에 대해서는 확신을 가지고 있다. 개별적인 유전자 데이터가 날로 발전하는 재생 의학regenerative medicine*과 결합하게 되면 무한히 살 수 있다고 믿는다. 그런데 그게 다 무슨 소용일까? 그리고 무한히 살 수 있게 되면 과연 즐거울까?

---

* 손상된 세포나 조직, 장기 등을 대체하거나 재생시켜서 원래의 기능을 되찾을 수 있도록 복원시키는 의학 분야. 재생 의학에는 스스로 회복할 수 없는 신체 조직이나 장기를 실험실에서 배양하여 안전하게 이식하는 활동도 포함된다.

로랑 알렉상드르　바이오 기술의 혁명이 죽음을 야금야금
갉아먹으면서 예전에는 도저히 생각할 수 없었던 일들이
현실이 될 것으로 보입니다. 수명이 점점 늘어나는 것은
어제 오늘의 일이 아닙니다. 기대 수명은 벌써 3배나 늘어
났습니다. 프랑스인의 기대 수명이 1750년에는 25세였던
반면 지금은 80세를 훌쩍 넘어섰으니까요. 심지어 수명은
해마다 3개월씩 늘어나고 있습니다. 나이를 한 살 더 먹어
도 죽음에는 9개월만 다가가는 거라니까요! 물론 자연적
인 생물학적 벽이 존재하기는 합니다. 잔 칼망Jeanne Calment*
이 도달한 나이(122세 하고 5개월 14일을 살았다)가 그 벽,
즉 생물학적 한계를 보여주는 걸 테죠. 한계를 넘어서기

---

* 1875-1997. 프랑스 출신으로, 출생일자가 확인된 전 세계인들 가운데에서 현
재까지 가장 장수한 사람.

위해서는 우리 인간의 본질을 변화시켜야 합니다. 이를 위해서는 기술적으로 NBIC의 역량을 활용하여 개입해야 하죠. 우리가 나노 기술에서 혁명적인 변화를 기대하는 이유는 생명 자체가 나노미터, 즉 10억분의 1미터라는 어마어마하게 작은 차원에서 벌어지기 때문입니다. 생물학과 나노 기술의 융합으로 의사는 생명공학자로 변할 것이고, 점차 우리의 생물학적 본성에 환상적인 권력을 행사하게 될 것입니다. 공학자의 입장에서 인간의 본질을 해체하고 다시 짜 맞추는 일에는 한계가 없을 테니까요. 지금부터 시작해서 2035년 무렵까지 생명공학—유전자 치료, 줄기세포, 인공장기—은 우리의 건강 체계를 완전히 바꾸어놓을 것입니다. 그 뒤를 이어 나노의학, (위험 부담이 상당히 큰) 염색체의 마모를 경고하는 효소인 텔로머레이스 조작, 혈청 구성 성분 수정 등이 인간의 수명을 연장하기 위해 박차를 가하겠지요.

장 미셸 베스니에　　영원불멸을 위한 비법들이 점점 공공연히 알려지고 있는 것은 사실입니다. 텔로머레이스가 기능하는 방식을 알아내어 노화를 방지한다거나, 소비자의 요구에 따라 유도만능줄기세포를 이용해 마모된 기관들을 교체한다거나, 언제든지 의식을 되돌릴 수 있도록 변질되지 않는 물질에 뇌를 업로드시킨다거나……. 트랜스휴머니스트들이 제시하는 온갖 약속들 중에서 셀 수 없을 만큼 긴 삶을 살 수 있도록 보장한다는 약속은 보란 듯이 제일 첫 번째에 있습니다. 이것은 우리 시대를 보여주는 매우 강한 상징이라고 봅니다. 죽음을 대수롭지 않게 여기고, 죽음을 그저 의학으로 조금만 손보면 되는 잔 고장 정도로 취급하다 보니, 그 반대되는 것의 효용성에 의문을 제기하게 되는 거죠. 죽지 않고 영원히 사는 것, 아니 거기까지는 아니더라도 제한 없이 사는 건 과연 바람직할까요? 실제로 사람들이 이런 질문을 던진다는 사실을 간과해서는 안 됩니다. 영원불멸이라는 환상이 반드시 사람들을 꿈꾸게 하는 건 아니며, 그러한 상상이 사람들의 가슴을 부풀어 오르게 하는 정도는 아주 미약하고, 영원한 삶을 떠올리기만 해도 즉시 거부 반응을 보이는 사람들(트랜스휴머니스트들은 이들을 전형적인 바이오보수주의자라고 규정합니다)이 있습니다. 어떻게 된 연유일까요? "영원불멸이라고요? 아뇨, 난 아닙니다. 난 그런 거 사양합니다!" 이런 대답을 자주 듣습니다. 거의 모든 사람들이 사랑하는 사람의 죽음을 원치 않지만, 그렇다고 해서 자신의 죽음을 막기 위해 모든 수단을 강구하려 들지는 않습니다. 살아남는다는 건 바로 그런 거니까요. 우리가 오래 살게 된다고 할 때, 우리의 삶을 보다 더 바람직하게 만들어주는 조건들이 따라 붙는지 정도는 미리 자문해야 하지 않을까요? 제한이 없는 삶은 어떤 가치를 지닐까요? 내 나이 지금 예순 다섯인데, 제 기대 수명이 여든 다섯이라면, 그보다도 20년에서 30년을 더 살기를 원하는 건 필연적인 것일까요? 아니, 그보다 한 걸음 더 나아가, 저는 죽음을 증오해야만 할까요?

로랑 알렉상드르 천 살까지 살게 될 최초의 인간은 벌써 태어났을지도 모릅니다! 천 살까지 살게 된다니, 말도 안 되는 소리죠. 감도 떨어지는 공상과학소설이나 사이비 종교에서 영감을 받은 황당한 논리 같잖아요. 하지만 실리콘밸리, 특히 구글을 이끌어가는 미래학자 레이 커즈와일 같은 이들은 이렇게 확신합니다. 캘리포니아에 본사를 둔 구글에서 총괄 엔지니어로 일하는 커즈와일은 그의 표현대로 "죽음을 안락사시키자"는 트랜스휴머니즘 이데올로기의 최일선에 서 있죠. 2016년에 태어난 아기는 22세기가 시작되어도 고작 여든네 살에 불과합니다. 그러니 22세기에 바이오 기술 분야에서 쏟아내는 모든 혁신의 혜택—예상 가능한 것도 있고 도저히 예측 불가능한 것도 있겠죠—을 누릴 수 있습니다. 이 아이는 확실히 기대 수명이 훨씬 길 것입니다. 덕분에 2150년쯤까지 살면서 새로운 바이오 기술이 가져다주는 혁신을 체험하게 되겠죠. 어쩌면 천 살에 가까운 나이까지 살게 될 거고요. 오래 살고 싶다는 요구는 언제까지나 완전히 충족되지 못한 채 계속되겠죠. 하지만 기대 수명을 아주 많이 연장하는 데 따르는 대가는 반드시 치러야할 겁니다.

장 미셸 베스니에 동감입니다. 동서고금을 막론하고 현자로 추앙받는 이들이 제시했던 논리를 이 자리에서 되풀이해서 설명할 필요는 없겠죠. "철학을 한다는 것은 죽는 법을 배우는 것이다", "지속적으로 오래 살기보다는 짧아도 강렬하게 사는 편이 낫다", "박수칠 때 무대를 떠날 줄 알아야 한다" 등등. 이러한 논리는 사랑하는 이들이 언젠가는 죽을 거라는 전망 앞에선 그 효력을 유지하기 어렵습니다. 나도 그 점은 인정합니다. 하지만 우리도 방금 이야기했듯이, NBIC가 구상한 "당신들 가운데 더러는 천 살까지 살 것으로 기대해도 좋다"는 식으로 공표된 약속들에 대해서는 반대하는 사람들도 무척 많습니다.

나는 천 살까지 사는데 주변 사람들은 백오십 살 정도에 죽는다면, 내가 견뎌야 할 외로움은 얼마나 클까요? 동시대 사람들이 계속해서 사라져간다는 사실은 끊임없는 고통을 안겨줄 것입니다. 이런 정서적 재앙에서 용케 살아남았다고 해도 외로움에 못지않은 권태가 나를 피폐하게 만들 겁니다. 미셸 우엘벡의 소설 『어느 섬의 가능성La Possibilité d'une île』의 주인공처럼 나 역시 되풀이되는 복제 인간의 실존에 관해 똑같은 에피소드들이나 무심하게 늘어놓을 테죠. 그러다가 문득 내가 인간이기 위한 조건이 필멸이라는 것을 새로운 눈으로 바라보면서 그것이 사실은 특권임을 깨닫게 되겠죠. 고대 그리스인들이 신이나 동물의 조건—동물은 자기가 죽을 운명임을 알지 못한다. 그렇기 때문에 종의 한 개체, 끊임없이 이어지는 생과 사의 순환에 매인 개체로서 사라지는 순간, 집합적 종으로서는 불멸의 존재가 된다고 믿을 수도 있다—에 비해서 그것이 특권이라고 인정했던 것처럼 말입니다. 이렇듯 죽음이 배제됨으로써 무기력해지는 것에 비추어 볼 때, 시간이 제한적인 존재가 갖는 특권은 무엇일까요? 시간이 제한되어 있으면 자유라는 감정을 맛볼 수 있습니다. 물론 이때의 자유란 불안을 동반하지만(확정되지 않은 시간과 결합된 우연은 불안을 야기하므로), 동시에 필멸의 존재로서의 운명(길이 남을 뛰어난 업적을 성취한다거나 영웅적인 위업을 달성한다거나, 이보다 더 소박하게는 단정하고 우아한 삶을 가꾼다거나)을 뛰어넘도록 도와주는 촉매 역할을 할 수도 있죠. 우리는 본능적으로 삶다운 삶이란 지속을 위한 광적인 지속이 아니라 끝에 대한 동의를 전제로 하고 있음을 알고 있습니다. 수명을 제한 없이 연장한다는 약속은 동물적인 것(너의 신진대사는 영원히 계속될 것이다) 또는 로봇적인 것(너는 녹슬지 않는 존재다)의 약속에 지나지 않을 뿐, 감화를 주는 삶(너는 세상의 모든 책을 읽을 수 있을 것이다. 젊은 이들에게 가르침을 줄 수 있을 것이다. 이상적인 도시를 건설할 수 있을 것이다)과는 무관하다는 걸 쉽게 짐작할 수 있습니다. 불멸이라는 환상 앞에서 우리는 오로지 죽음만이 삶에 인간적인 의미를 줄 수 있다는 사실을 깨달을 수 있습니다. 또한 그 환상을 좇아 삶을 제거한 결과 추상적인 생존만 남는 부조리한 결과가 벌어져도 거기에 기꺼이 동의하는 자들을 연민의 눈으로 바라보게 될 겁니다.

로랑 알렉상드르   선생님께서는 불멸이 환상이라고 말했지만 제가 보기에는 환상이 아닙니다. 어디까지나 실재적으로 가능한 일입니다. 구글이 죽음과의 대결에 뛰어들었다는 사실은 이 영원불멸의 전망에 신뢰를 더해줍니다. 구글은 2013년 9월 18일에 칼리코Calico를 설립한다고 발표했습니다. 칼리코는 인간의 수명을 의미 있게 연장하자는 목표를 가지고 세운 구글의 자회사로 엄청난 야심을 키워가고 있습니다. 10년에서 20년 정도 걸리는 중장기적 계획을 수립해 서서히 죽음을 미루고 종국에는 죽음을 "죽이겠다"는 목표를 향해 달리는 거죠. 칼리코의 탄생은 건강 분야에서는 매우 중대한 의미를 갖습니다. 구글이 노화와의 투쟁에 본격적으로 투자하기 시작했다는 것은 의학이 점점 더 정보 기술에 의존하게 됨을 의미합니다. 우리 인간의 생물학적 기능을 이해하기 위해서는 엄청난 양의 데이터 활용을 전제로 해야 합니다. 예를 들어 개인의 DNA 염기서열을 판독하면 10조 가지 정도의 정보가 나옵니다. 개별화된 방식으로 질병에 대항하기 위해서는 이렇듯 방대한 양의 데이터를 입맛대로 요리할 수 있어야 한다고 구글은 생각합니다. 아무튼 생명과학의 가속화가 많은 철학적·정치적 난제들을 만들어낸다는 사실에는 변함이 없죠. 우리는 죽음을 늦추겠다는 명분으로 과연 어느 정도까지 우리의 생물학적 본질, 즉 우리의 DNA를 수정할 수 있을까요? 죽음을 죽이기 위해서라면 인간을 무제한적으로 변화시킬 수 있어야 한다고 주장하는 트랜스휴머니스트들의 입장을 받아들이고 따라야 하는 걸까요?

선천적인, 그러나 가변적인

유전(유전으로 짊어지게 된 멍에)은 일반적으로 변하지 않는다고 간주된다. 한 개인의 내부에 깊숙이 뿌리내리고 있는 본성은 당연히 그의 유전자와 연결되어 있을 것이라고들 추측하는 것이다. 그러나 이러한 생각은 다분히 기만적이며 속단이다. 누군가의 삶을 그의 유전자를 들여다봄으로써 알 수 있다는 생각은 마치 조립 공정을 마치고 공장에서 나온 자동차의 모습만 보고 그 차가 미래에 사고를 낼 것이라고 짐작하는 것과 다르지 않다! 운전자의 성격, 그 운전자가 주행하게 될 도로의 유형, 주행 중에 만나게 될 다른 자동차들 역시 자동차 자체가 지닌 기술적 제원만큼이나 미래의 사고 가능성을 결정하는 데 중요한 요소로 작용한다. 한 개인이 만들어지는 데에는 그가 자라난 가정환경이나 정서적인 분위기가 그가 타고난 유전자 자산보다 더 확실하게 영향을 끼친다. 간디가 만일 폴 포트와 같은 환경에서 성장했다면, 그 또한 폴 포트만큼 악명 높은 독재자가 되었을지도 모르며, 그 역도 역시 성립한다.

로랑 알렉상드르

장 미셸 베스니에 무슨 수를 써서라도 죽음과의 전쟁을 끝내겠다고 고집하는 모습은 왠지 측은해 마음이 짠합니다. 이런 막무가내식의 고집은 야만적이라고 할 수 있는 태도에서 비롯되니까요. 우리가 문화(죽음이 더 이상 존재하지 않는다면 회화, 음악, 문학 등, 그 어떤 예술 작품이 태어날 수 있겠습니까?)와 공동체적인 삶(우리 각자가 불멸의 존재로서 자급자족할 수 있게 된다면 여럿이 같이 살 필요가 있을까요?)이라는 상징적인 삶의 발현 속에서 생활할 수 있는 것은 오롯이 죽음 덕분입니다. 불멸은 욕망의 죽음과 다르지 않습니다. 상대의 부재를 애달파하거나 절대적인 결합을 갈망하는 이유 따위가 다 하찮게 여겨지기 때문이죠. 흘러가는 시간 때문에 감정이 격앙되고, 그로 인한 압박감을 없애기 위해서는 영원만이 답이라는 예감이 있을 때 욕망은 지속될 수 있습니다. 이것이 바로 플라톤 이후 인간이 지닌 뿌리 깊은 에로틱한 본성이라고 부르는 것이죠. 복제(복제란 말 그대로 동일한 것을 계속 찍어내는 거죠)를 위해 유성생식을 제거하고 그것을 불멸과 결합시킴으로써 트랜스휴머니즘은 욕망하는 존재인 인간의 실존이 지니는 상징적인 차원을 도외시하고 있습니다. 기계와 융합하는 것은 인간으로 하여금 그를 성장시키고("나를 죽이지 않는 모든 것은 나를 성장하게 한다"고 니체는 말했죠), 누군가를 사랑하는 데(일시적이고 덧없는 것에 대한 인식이야말로 자기 자신이 아닌 타자에게 문을 열게 만드는 원리입니다) 자양분이 되는 모든 원천을 제거해버리는, 가장 야만스러운 짓입니다. 불멸에 대한 전망, 아니 그 정도는 고사하고 무제한적으로 수명을 연장하겠다는 말만 들어도 죽음을 사랑해야겠다는 마음이 불끈 솟아납니다. 죽음만이 인간적인 삶을 가능하게 해주니까요. 어쩌겠습니까, 우리는 그 같은 역설로 이루어져 있습니다. 그런데 하필 그 역설이 우리를 인간으로 만들어줍니다. 우리는 역설적 존재입니다. 왜냐하면 언어를 구사하는 존재이기 때문이죠. 트랜스휴머니스트들은 이 점을 간과하고 있습니다. 그들은 때로는 언어를 통한 교류마저 텔레파시 같은 것으로 대체하려 하지 않습니까. 그렇게 되면 우리의 집단생활이 꿀벌이나 개미의 집단생활(기호들의 모험을 독려하는 대화라기보다 신호를 기계적으로 교류하는 방식)처럼 조종되겠죠. 아뇨, 정말이지 수 세기 동안 살기를 바라는 사람은 있을 수 없어요. 하찮고 처량한 동물이 되기로 마음먹지 않는 한 말입니다.

7장

트랜스휴머니즘은
우생론일까?

동분서주하는 트랜스휴머니스트들의 머리 위로 떠다니는 유령이 있다. 약자를 '제거'해 인간이라는 종을 의도적으로 향상시키자는 우생론의 유령이다. 우생론은 나치가 저지른 최악의 범죄와 밀접하게 관련이 있다. 그런데 트랜스휴머니즘은 이따금씩 우생론의 휴머니즘적인 버전을 제시하기도 한다. 다시 말해서 그들이 주장하는 휴머니즘적인 우생론은 인간 각자를 향상시키는 데 무게를 두고 있다고 말이다.

장 미셸 베스니에 7장에서 다루는 질문에 저는 당연히 '그렇다'고 답할 것입니다. 트랜스휴머니즘은 NBIC를 활용해 인간 종의 품질을 향상시키겠다는 야심을 기정사실로 만들려고 합니다. 에밀 시오랑Emil Cioran*의 저서 『지금 이 순간 나는 아프다De l'Inconvenient d'etre ne』처럼, 태어났다는 불편함을 피하려는 데 골몰한 동시대인들 사이에 실제로 존재하는 이와 같은 현상을 두고 독일의 철학자 위르겐 하버마스는 "자유주의적 우생론"이라고 표현했습니다. 문제의 본질을 아주 잘 포착한 표현입니다. 자유주의적 우생론이란 바이오 기술의 혜택을 받을 수 있는 여력을 가진 사람

---

* 1911-1995. 루마니아 태생의 철학자이자 문필가. 1949년 이후에는 프랑스어로 집필했다. 니체, 쇼펜하우어 등에 심취했으며, 현대문명의 퇴폐화를 비장한 문체로 고발하여 '절망의 심미가', '폐허의 철학자' 등으로 불렸다.

들에게 기술이 소비재처럼 제공된다는 말입니다. 그러니까 사람들이 대가를 지불함으로써 자신을 '증강시키고', 기술을 제공한 자들은 이익을 얻는 것을 말합니다. 허심탄회하게 말하면, 트랜스휴머니스트들은 근대화가 시작될 무렵부터 틀을 잡아온 약속들의 연장선상에 있다고 보아야 합니다. 트랜스휴머니즘은 데카르트적 사고방식의 산물이라고 할 수 있어요. 데카르트가 그랬던 것처럼, 트랜스휴머니즘은 적어도 백 살까지(물론 그 이상) 살 수 있다고 약속합니다. 18세기에 이미 과학의 발전으로 죽음과 영영 이별할 수 있을 거라고 상상한 콩도르세의 예언을 되살리는 거라고요. 그뿐입니까, 20세기 초에 맹활약한 영국의 우생론 지지자 프랜시스 골턴Francis Galton의 기대를 이어가고 있다고 봐야죠. 골턴은 생물학 덕분에 인간이 개량됨으로써 인간은 그가 제작하는 기계 수준에 도달할 수 있다고 주장했습니다. 1장에서 언급했던 장 로스탕의 『초인의 경계에서』가 보여주는 낙관주의도 이와 같은 맥락으로 이해할 수 있죠. 이 책은 대단히 휴머니스트적인 방식으로 우리가 생물학에 걸 수 있는 모든 희망을 이야기합니다. 생물학이야말로 우리 인간이 천성적으로 타고난 불완전함을 제거해줄 수 있으며 이는 인류의 위대한 정복이라는 거죠. 요컨대 트랜스휴머니즘은 우연에 의해 좌우되는 출생을 프로그래밍에 의한 제작으로 대체하고자 하는 소망을 정당화시키기 위하여, 다시 말해서 우리를 질병과 노화로부터 해방시켜주기 위하여, 또는 지능을 증폭시키기 위하여 제일 믿을만한 보증인을 내세우는 격이죠.

로랑 알렉상드르   트랜스휴머니즘이라는 말은 1957년 올더스 헉슬리의 형 줄리언 헉슬리Julian Huxley가 만들어낸 것으로 알고 있습니다. 줄리언은 세계대전이 일어나기 전에 이미 생물학적 조작을 통해 노동자 계급의 삶의 조건을 개선할 수 있다고 확신한 좌파 우생론자였죠. 그런데 쇼아 Shoah*와 더불어 우생론이라는 용어는 지옥 불 만큼이나 뜨겁게 달아올랐습니다. 때 이르게 그 같은 신조어를 발명한 사람이 바로 그였단 말입니다! 트랜스휴머니스트들은 인권에 대해 매우 급진적인 입장을 보입니다. 이들에게 시민은 어느 누구에게도 속하지 않는 자율적이고 독립적인 존

---

* 홀로코스트. 2차 세계 대전 당시 히틀러와 나치당이 유대인, 슬라브족, 집시, 동성애자, 장애인, 정치범 등 무려 1천 1백만 명에 이르는 민간인, 전쟁 포로들을 학살한 사건을 가리키는 말로 이 중에서 유대인 희생자가 6백만 명에 이르렀다.

재이며, 원한다면 과학의 발전 속도에 보조를 맞춰가며, 뇌가 되었든 DNA가 되었든 또는 신체의 다른 어떤 부위가 되었든, 오직 자신의 결정에 따라 어디든 고칠 수 있는 권리를 가진 존재입니다. 이들은 또한 질병과 노화는 더 이상 숙명이 아니라고 간주합니다. 우리의 역량을 증가시키기 위해 생명을 길들여 예속화하는 것이 트랜스휴머니스트들의 가장 핵심적인 목표입니다. 그들에 따르면, 인류는 과학이 제공하는 모든 변신 가능성을 최대한 활용하는데 주저할 이유가 없습니다. 요컨대 인간을 NBIC 기술을 실험하는 장으로 활용하자는 거죠. 인간은 끊임없이 진화하는 존재, 스스로에 의해서 나날이 완벽을 향해 나아가며 언제든지 수정 가능한 존재가 되는 겁니다. 미래의 인간은 그러므로 마치 웹사이트처럼 항상 '베타 버전', 즉 지속적으로 업그레이드시켜야 하는 견본용 인체가 될 거라는 말입니다. 이런 식의 관점은 지나치게 천진하고 유치해보입니다만, 트랜스휴머니스트들은 이미 인류를 바꾸기 위해 NBIC 기술을 적극적으로 도입하자며 로비를 하고 있습니다. 로비는 특히 캘리포니아에서 한국을 거쳐 중국에 이르는 태평양 연안에서 강력하게 진행되고 있습니다. NBIC

산업이 융성한 나라들이 이제 세계 경제의 중심이 될 겁니다. 트랜스휴머니스트들의 침투 공작은 놀라울 정도입니다. NASA와 Arpanet(인터넷의 조상격인 미군 네트워크)이 트랜스휴머니즘 전투의 선봉장 역할을 했으며, 현재는 구글이 주도적으로 우리를 트랜스휴머니스트 문명으로 안내하겠다고 큰소리치고 있습니다. 거듭 말하지만, 트랜스휴머니스트 문명이란 우리를 증강인간으로 만들며, 실리콘 형태의 지능을 개발하고 죽음을 안락사시키는 세상을 가리킵니다.

구글과 특이점

구글은 NBIC 혁명의 주요 설계자들 가운데 하나로 부상했으며, 특별히 NBIC 전문가를 양성하는 특이점 대학Singularity University을 적극적으로 후원함으로써 트랜스휴머니즘을 지지한다. 특이점이라는 용어는 인공지능이 인간의 지능을 추월하는 지점을 가리키며, 2045년 이후 인공지능은 기하급수적인 성장세를 보일 것으로 전망된다. 트랜스휴머니즘의 '교황'이라고 불리는 레이 커즈와일이 이 대학을 이끌고 있다. 인공지능 전문가인 커즈와일은 NBIC가 21세기부터 괄목할 만한 방식으로 죽음을 까마득히 뒤로 밀어낼 것이라고 확신한다. 그는 본래 검색 엔진을 인류 역사상 최초의 인공지능으로 만들기 위해 구글에 총괄 엔지니어로 입사했다. 구글은 또한 자회사인 23앤드미23andMe를 통해서 DNA 염기 서열 판독에도 박차를 가하고 있다. 23앤드미는 구글의 공동 창립자 가운데 한 명인 세르게이 브린의 전처가 이끌고 있다. 세르게이 브린은 이 회사를 통해서 DNA 검사를 받은 결과 자신이 파킨슨병(그는 LRRK2 유전자의 돌연변이체 보유자다)에 걸릴 확률이 매우 높다는 사실을 알게 되었다. 그러니 NBIC를 향한 그의 관심은 한층 더 가속화될 수밖에!

로랑 알렉상드르

장 미셸 베스니에   그 누가 죽음을 안락사시키자는 계획에 무조건적으로 반기를 들 수 있겠습니까? 하지만 우리가 이미 위에서 토론했듯이, 내가 보기에 이 계획은 제 정신이 아니다 싶으며, 이런 저런 형태의 우생론을 근저에 깔고 있습니다. 이 다양한 유형의 우생론들 가운데 하나는 심지어 휴머니스트적인 가치(동물적인 본성에서 벗어나 정신에 영광을 돌리는 이상향에 도달하자)를 내걸기도 하죠. 이른바 미니멀 트랜스휴머니즘, 바꿔 말하면 이상주의적이라고도 할 만한 이러한 움직임이 이를 대변한다고 하겠는데, 나로서도 그런 트랜스휴머니즘이라면 이러쿵저러쿵 불만을 가질 까닭이 없습니다. AFT(Association française transhumaniste, 프랑스 트랜스휴머니스트 연합)가 보여주는 입장도 근본적으로 이런 흐름과 맥락을 같이 하고 있습니다. 이들은 '자유주의적 우생론'이라는 표현 때문에 암묵적인 반대 의견이 있다는 것을 인정하고 이를 수정하려 하고 있습니다. 이 말은 바이오 기술이 주는 이득을 모두가 누릴 수는 없으리라고 느끼게끔 하는 표현이니까요. AFT에 따르면, NBIC는 우리들에게 수명 연장의 가능성을 제공함으로써 이상적인 평등을 실현하는 데 공헌할 수 있습니다. 오래 살기를 원하지 않는 사람이 있을까요? 지금까지 공공연히 제시된 형태의 트랜스휴머니즘은 그 정도에서 멈추지 않고, 제2차 세계대전 이후 우생론에 가해진 엄청난 부담감까지도 기꺼이 감수하려 합니다. 흔히들 '소극적' 우생론(장애를 바로잡아 하나의 종이 공통적으로 지닌 특성을 회복시킴으로써 생존 가능한 개인으로 태어나게 하기)이라고 하는 이론은 대부분의 급진적 트랜스휴머니스트들에게는 성에 차지 않습니다. 그들은 이른바 '적극적' 우생론(미리 구상한 모델과 이제까지는 만들어진 적 없는 형태에 따라 인간을 만들어내고, 그것을 새로운 기준이 되게 하기)쪽으로 넘어가고자 할 테니까요. 오늘날에는 후자, 즉 적극적 우생론을 추구해야 한다는 논리가 점점 더 많은 사람들에게 받아들여지고 있습니다. 일단 이 이론은 우리가 기술적으로 자연선택을 점점 더 잘 제어하게 된다고 안심시키거든요. 가령 과거에는 매우 높았던 유아 사망률을 낮추는 수단을 제공한다는 것도 인간의 자연선택 통제의 한 사례가 될 수 있습니다. 덕분에 우리 인간은 장애물이 제거된 상태에서 태어나게 되었는데, 이는 역설적으로 인간 종의 질을 떨어뜨리게 되었습니다. 예전 같으면 일반적인 기준에 뒤쳐져 살아남지 못했을 사람들이 살아갈 수 있게 되었으니까요. 그러므로 우리는 생명체를 제어함으로써 나타나게 되는 왜곡된 결과에 대비해야 하며, 그러기 위해서는 우리가 어떤 인간(정상적으로 형성되고 선별된 인간, 예를 들어 염색체21을 갖지 않았으며, 근병증 증세를 보이지 않고, 독일 철학자 위르겐 하버마스처럼 언청이어서도 안 되고…)을 태어나게 하고 싶은지 미리 결정해야겠죠.

로랑 알렉상드르 때마침 염색체 21 얘기를 하시는군요. 이 토론을 시작하는 시점에서 이미 말했듯이, 제가 보기에는 그 염색체야말로 우리가 알지도 못하는 사이에 벌써 우생론의 미끄럼틀에 올라타고 있었다는 것을 알려주는 제일 확실한 증거입니다. 그런데도 우리는 철학적이건 정치적이건 제대로 된 토론 한 번 없이 그 미끄럼틀을 내려오고 있습니다. 일부 부모들은 진작부터 BRCA1과 BRCA2 유전자의 돌연변이체를 가진 아기들을 유산시키고 있습니다. 이 유전자들은 성인이 되었을 때 유방암 또는 난소암을 유발할 확률이 굉장히 높거든요(각각 70퍼센트와 40퍼센트). 도덕적인 고려를 모두 떠나서 이와 같은 선택은 상당히 불합리합니다. 2040년 혹은 2050년대에 이르면, 다시 말해서 그 아기들이 성인이 되어 그 질병을 진단받을 무렵이면 유방암 정도는 손쉽게 치료할 수 있을 테니까요. 다른 예를 들어보죠. LLRK2 유전자 돌연변이체를 지닌 사람 가운데 셋 중 둘은 파킨슨병에 걸릴 위험이 있습니다. 아시다시피 파킨슨병은 마흔 살 이전에는 거의 걸리지 않습니다. 2015년에 이 돌연변이체를 가지고 있다고 판명 난 아이는 그러니까 2055년 정도까지는 발병하지 않겠죠. 그러니 임신 중절을 결정하려면 2017년을 기준으로 할 것이 아니라 아이가 발병할 시점을 기준으로 그 병의 위험성을 고려해야 마땅할 것입니다. 여기서 의사와 부모는 기술과 관련된 도박과 마주하게 되는 거죠. 앞으로 다가올 수십 년 사이에 이러저러한 병의 치료는 어떤 식으로 진화할 것인가? 어떤 특정 질병은 2030년 혹은 2040년, 2060년에도 여전히 치명적일 것인가? 지금까지의 의술 체계로는 그처럼 장기적인 관점에서 전망하는 것은 불가능했기 때문에 의료진은 그런 문제에 대해 생각해볼 엄두도 내지 않았습니다. 하지만 이제 기술이 어떻게 발전할지를 염두에 두고 의사들을 양성하는 것이 시급한 과제로 떠올랐습니다. 발전하는 의술 덕분에 미래에는 손쉽게 치료할 수 있을 수많은 아이들이 태어나지 못하는 것을 바라만 보고 있겠다면야 이야기가 달라지겠지만 말입니다.

장 미셸 베스니에　우생론은 자궁에서 태아를 지우는 것만으로 만족하지는 않을 겁니다. 우생론 지지자들은 자연선택을 대신할 수 있는 우리의 역량을 한층 키워야 하며, 앞으로 태어날 인간들이 우수한 유전자를 가지는 것은 물론이고 우리가 그들의 유전자를 완벽하게 만들기 위해 필요한 자질을 갖출 수 있도록 적극적으로 개입해야 한다고 주장합니다. 적극적 우생론의 결과물—이는 당연하게도 복제를 통한 생식의 결과물로 유성생식에 따르는 우연한 교배에 종지부를 찍게 될 겁니다—은 장기적인 관점에서 볼 때 소극적 우생론을 무용지물로 만들 것입니다. 왜냐하면 결국 완벽한 인간이 생존을 위한 투쟁에서 승자가 되고 이 세계의 지배자가 될 테니까요. 완벽한 인간은 선택 가능한 모든 강점의 집합체일 테니까요.

로랑 알렉상드르　그렇기 때문에 미래에 태어날 아기들의

121

DNA 염기서열판독이 혁명적이라는 겁니다. 더구나 2030년부터는 유전자 치료를 통해서 우리 뇌의 정상적인 기능을 위협하는 돌연변이 유전자를 치료할 수 있다고 하더군요. 다윈식 자연선택의 종말은 우리로 하여금 뇌의 유전공학에 박차를 가하게 만들 것이고, 그렇게 되면 우리의 미래는 완전히 달라질 겁니다. 뿐만 아니라 우리는 성큼 더 나아가겠지요. 최악의 사태를 예방하는 것에서 맞춤형 아기를 선택하는 것은 고작 한 발짝 차이입니다. 쉽사리 훌쩍 뛰어넘을 수 있단 말이죠. 우생론의 회귀는 지금까지 뚜렷하게 밖으로 드러나지 않은 정치적 시한폭탄입니다. 물수제비 효과라고 해야 하나, 아무튼 성관계를 통한 자손 번식의 종말은 거의 확실합니다. 배아의 선택 및 조작은 시험관 수정 단계에서 이루어질 수밖에 없으니까요.

장 미셸 베스니에 정치적 시한폭탄이 틀림없군요. 우연이라는 요소를 완전히 제거하고자 하는 의지야말로 전체주의를 촉발하는 요인이죠. 새로운 인간을 출현시켜 그 인간을 수정 가능하고 유순하며 예측 가능하게 만들어주는 모든 장치를 소개한 뒤 그 인간을 모두가 따라야 할 전범으로 강제하려는 의지. 유한성과 자유라는 요인과 연결됨으로써 불가항력적으로 발생하는 우연성을 함축하고 있는 역사를 금지시키려는 의지. 시간으로 하여금 새로운 것을 생산하지 못하게 막을 만큼 완벽한 무언가를 실현하려는 의지. 가령 20세기 미국이나 스웨덴 같은 몇몇 사회의 집단 환상이 보여주었듯이, 우생론이 전체주의적 형태를 띨 수 있음을 지금 이 자리에서 우리가 아무리 상기시켜봐야 소용없습니다. 트랜스휴머니스트들은 멈추지 않을 겁니다. 인간을 만들 수 있는 바이오 기술을 보유하고 있다면, 당연히 그 기술을 활용해야 한다고 그들은 주장할 겁니다. 기술을 활용해야 모든 삶에 따라붙는 불편함, 즉 모험과 자유—1965년에 노벨 생리의학상을 받은 프랑수아 자콥은 이를 기꺼이 받아들인다는 의미에서 "가능태를 이리저리 짜 맞추기"라고 표현했습니다만—라는 걸 피할 수 있다고 덧붙일 테죠.

8장

인공지능이 사람을
죽이는 날도 올까?

앞으로 수십 년 뒤 인간이 자신이 발명한 도구의 막강한 힘에 밀려 초월당한다면? 트랜스휴머니즘 지지자들은 이것을 "특이점"이라고 부른다. 그 순간을 어떻게 대비해야 할까? 아니면 아예 그 순간이 도래하지 못하도록 반대해야 할까? 그때가 온다면 과연 지능 면에서 인간에게는 무엇이 남을까?

장 미셸 베스니에　2015년 7월 27일, 테슬라 설립자 일론 머스크, 언어학자 노엄 촘스키, 천체물리학자 스티븐 호킹, 마이크로소프트 창업자 빌 게이츠 등 1천 명이 넘는 사회 지도층 인사들이 동의한 서한에는 인공지능이 인류에 심각한 문제를 초래할 것이라고 경고하는 내용이 담겨 있었습니다. 그보다 몇 달 앞서서 호킹은 인터뷰에서 "완전한 인공지능의 개발이 인류의 멸망을 불러올 수도 있다"고 말한 적도 있죠. 다소 과장되지만 이 주제의 이면에는 레이 커즈와일이 했던 예언이 있음을 쉽게 알아차릴 수 있습니다. 2045년이 되면 생물학적이지 않은 지능이 인간의 지능을 쓸모없는 구닥다리로 만들어버릴 것이라는 예언 말입니다. 그런데 문제의 서한에서 "인간의 개입 없이도 목표물을 선별해서 공격할 수 있는" 자율적인 무기의 개발로 인한 군사적 위험 같은 것은 언급하지 않았더군요. 각계에서는 커즈와일보다 더 멀리 내다보며 '실존적 위험'에 대해 훨씬 더 날 세운 반응을 보였습니다. 인공지능이 우리 안에 깃들어 있는 인간, 즉 자신의 운명을 스스로 결정하는 인간의 소명을 죽이고 있다는 겁니다. 요컨대 우리들은 기계가 적어도 핵무기와 맞먹을 정도의 위험을 가할 것이라 의심합니다. 그 위험은 근본적으로 인간을 '탈정신화'하는 것 아니냐는 것이죠. 우리가 우리 실존에 관한 주도권을 빼앗기게 되면서 자연스럽게 침팬지들과 같은 조건에서 사는 존재로 전락하게 될까 봐 두려운 겁니다. 실제로 그런 위협의 징후는 오래 전부터 감지되어 왔습니다. 산업혁명 이후 인간의 무력감이 점점 더 증가하자 그 원흉으로 사람들은 기계를 지목했습니다. 기계는 인간이 스스로를 비하하게 만드는 요인이며, 오스트리아 철학자 귄터 안더스Günther Anders가 묘사한 것처럼 "자기 자신이고자 하는 데 대한 프로메테우스적 수치심"을 일으키는 원인입니다. 그럼에도 공장과 온갖 자동 기계 장치들만으로는 아직 충분하지 않다는 듯이, 오늘날에는 기계가 지능까지 갖추

었단 말입니다. 그러니 상황이 끝났다고 말할 수 있는 거죠. 기계는 우리를 가장 특별하게 만들어주지만 한편으로는 우리가 가장 자랑스러워하는 것조차 대체해버릴 테니까요. 그러므로 기계 때문에 우리는 점진적으로 사라지라는(적어도 기계가 우리를 군사적으로 파괴하려 들지 않는 한 별안간 사라지지는 않겠죠) 판결을 받은 셈입니다. 기계가 우리의 지능마저 탈취해갈 수 있기 때문에 우리는 기계의 막강함에 대항하려는 상상조차 할 수 없다는 듯이 무력감을 느낍니다. 우리를 둘러싼 '실존적' 물음은 이러한 무력감의 이유를 이해하는 것으로 요약되지 않을까요?

인공지능의 간략한 역사

전후에 활동한 과학자들에게는 두 가지 확신이 있었다. 첫째, 스스로 인식할 수 있는 인공지능의 발명이 거의 손에 잡힐 듯 가까이 다가왔으며, 둘째, 그 인공지능은 복잡한 과제를 수행하기 위해 반드시 필요하다는 것이었다. 하지만 둘 다 오판이었다. 1940년부터 영국 출신 수학자 앨런 튜링이 인공지능의 토대를 마련했으나, 본격적인 연구는 1956년 여름 미국 다트머스대학에서 열린 학회 이후부터 시작되었다. 이 모임에서 과학자들은 인간의 뇌에 버금가는 전자뇌의 도래가 임박했음을 확신했다. 마빈 민스키, 존 매카시, 클로드 섀넌, 네이선 로체스터 등 이 분야를 개척하다시피 한 학자들의 대다수가 모임에 참석했다. 이 학자들은 몇천 줄 정도의 컴퓨터 코딩과 몇백만 달러, 그리고 20년 정도의 집중적인 연구라는 조건만 충족된다면 인간의 뇌에 맞먹는 전자뇌를 충분히 만들 수 있다고 보았다. 이들에게 인간의 뇌란 상당히 간단한 컴퓨터에 지나지 않았으므로. 하지만 이들의 실망은 이만저만이 아니었다. 1975년 무렵의 컴퓨터는 말 그대로 원시적인 수준에 머물러 있었기 때문이었다. 연구자들은 그제야 인공지능 프로그램이 실현되기 위해서는 당시 통용되던 것—초당 고작해야 수천 개의 연산 가능—보다 훨씬 강력한 반도체가 필요하다는 사실을 깨달았다. 그 사이 공적 지원금 유치에 열을 올린 연구자들은 돈줄을 쥐고 있는 공공 혹은 민간 스폰서들에게 완전히 비현실적이고 과장된 약속을 늘어놓았으며, 스폰서들도 오래지 않아 이런 현실적인 문제가 도사리고 있음을 알아차렸다. 1985년 일본에서 불기 시작한 두 번째 인공지능 열풍은 인간 뇌의 복잡성이라는 암초에 걸려 다시 한 번 식어버렸다. 실망과 좌절이 거듭된 이 시기를 가리켜 "인공지능의 겨울"이라고 부르는 멋진 표현도 등장했다. 1995년부터 괄목할만한 기술적 진보에 힘입어 다시 자금이 투입되기 시작한다. 1997년, 컴퓨터 딥블루는 세계 체스챔피언에게 승리를 거두는 개가를 올렸다. 2011년에는 진단 전문 인공지능 컴퓨터 왓슨이 미국 텔레비전 퀴즈쇼 〈제퍼디!〉에서 챔피언들을 이겼고, 2015년에는 불과 몇 분 만에 암 관련 분석을 해치웠다. 암 전문가라면 몇십 년이 걸렸을 일을 수 분만에 끝낸 것이었다. 뿐만 아니라 구글, 페이스북, 아마존 등에서 사용되는 인기 있는 어플리케이션의 상당수가 인공지능 관련 연구에서 파생되었다. 비록 대중들은 그 사실을 까맣게 모르지만 말이다!

로랑 알렉상드르

로랑 알렉상드르   인간은 인공지능의 역량에 이의를 제기할 수 없습니다. 인공지능은 인간의 역량을 뛰어넘으니까요. "추론하고 생각하며 사람보다 훨씬 더 능숙하게 일하는 기계를 만들 것"이라고 세르게이 브린이 2014년에 선언했죠. 이 구글 창립자의 예언은 문명의 변혁을 의미합니다. 실리콘이 뉴런을 대체하는 것이니까요. 연산이 반드시 우리를 죽이는 건 아니겠지만, 혁명적인 상황을 만들어낼 것은 확실합니다. 인공지능은 우리를 이제까지와는 완전히 다른 문명으로 끌고 갈 것입니다. 그것은 노동과 돈이 자취를 감춰버린 세상일 수도 있습니다. 인공지능은 오랫동안 공상과학소설에서나 다루는 주제에 머물러 있었습니다만 이제 인공지능의 출현은 단순히 시간 문제일 뿐입니다. 정보 처리 능력이 폭발적으로 확장된(컴퓨터 서버의 용량은 지난 31년 사이에 10억 배 이상 증가) 덕분에 수십 년 안에 인간의 지능을 능가하는 인공지능이 출현할 것입니다.

장 미셸 베스니에   선생님도 지능intelligence이라는 말을 자주 사용하시는군요. 저는 오늘날 사람들이 그 말을 제각기 자기 입맛에 맞게 사용하고 있다고 생각합니다. 스마트intelligent폰, 스마트intelligent카, 집단 지성intelligence 등, 용례가 아주 많죠. '스마트한intelligent'이라는 형용사는 이제 신호를 발신하고 수신하는 기능을 갖춤으로써 적절한 반응을 생산할 수 있는 사물이라면 무엇에든 다 붙어 다닙니다. 그런데 이게 과연 적절한 말일까요? 지능이라는 개념에 피해를 입히는 이런 의미론적 디플레이션은 그 자체가 하나의 징후입니다. 이것은 인간이 스스로에게 가지고 있는 우려스러운 이미지나 일종의 실망감을 지나치게 단순하게 표현한 것이니까요. 우리 각자는 행동주의적 개념(인간은 자극을 입력하고 반응을 출력하는 블랙박스일 뿐, 그것들의 흐름을 알아서 조절하고, 그것들 사이에 생겨나는 연결을 설명하는 법칙을 만들어내는 건 심리학자들이 할 일이라는 입장)으로 인간을 바라보는 관점이 득세함에 따라 발생한 피해자입니다. 우리는 20세기 초 공립학교의 열등생들을 위해 IQ라는 지능지수를 고안해서 유명인사가 된 심리학자 알프레드 비네Alfred Binet가 한 말에 별 생각 없이 설득당했죠. "지능이란 무엇인가? 바로 내가 고안한 테스트로 측정해서 나오는 결과 값"이라고 그는 말했습니다. 물론 영혼의 기능 중에는 지능도 있으며, 신이 영혼 속에 영원히 지속될 몇몇 아이디어를 주입한 덕분에 우리가 문제 해결 능력을 갖게 되었다—우리 인간은 본질적으로 환경이라는 자극에 반응할 만큼 충분한 본능을 타고 나지 않았다고 여겨지므로—는 철학적 인식과는 결별해야 한다. 따라서 우리에게는 지능에 관한 객관적인 학문이 필요했다. 이런 말이겠죠. 그런데 모든 지능은 컴퓨터화할 수 있다는, 다시 말해서 연산 가능하다, 아니 연산 가능하기만 하면 된다는 생각에 이르게 하는 것이 바로 그 지능 맞습니까? 그 결과는 어떻습니까? 우리의 연산 기계들이 계속해서 승승장구함으로써 발생하는 문제를 설명해준다고 봅니다. 모든 지능이 계산으로 환원되고, 모든 생명체는 충분히 계산을 한 후에 방향을 정하고 반응하며 결정한다……. 헌데 그 과정을 아주 신속하게 해치우는 기계들이 있으며 그 기계들은 더 빨리 그 과정을 모두 끝낸다, 그런 기계들을 구상하여 제작한 건 우리의 지능이었지만 이제는 우리의 발명품에 의해 추월당했다, 따라서 우리는 이제 죽게 될 것이다!

로랑 알렉상드르　선생님의 의견을 들으니 이번 장에서 다루는 주제에 대해 선생님은 인공지능의 막강한 역량 때문에 자유의지가 종말을 맞게 될까 봐 두려워하는 철학자들과 같은 입장인 것 같습니다. 두려움이 대재앙에 버금가는 각종 예측을 낳고 있잖습니까. 두려워해야 할 것은 슈퍼 인공지능이 인간에게 적대적인 상황이 되는 거죠. 딥마인드의 창시자는 그런 시나리오는 적어도 앞으로 수십 년 동안은 불가능하다면서 그 가능성을 배제하고 있습니다. 하지만 그렇다고 백 퍼센트 안심할 수 있을까요? 기계에게 인간을 속이고 지배하고 뛰어넘으라는 걸 가르친다는 게 과연 이성적일까요? 기계에게 자신의 의도를 숨기고, 바둑에서처럼 공격적이며 상대를 조종하는 식의 전략을 구사하는 법을 가르치는 것이 현명하냐고요? NBIC 전문가 닉보스트롬은 우리와 가까운 우주 지역에서 지능을 가진 종은 인간이 유일하다는 생각을 지지합니다. 지능을 지닌 모든 종(생물학적 종, 인공적인 종)은 자신의 생존을 첫째가는 목표로 삼고 있는 바, 우리는 인공지능이 불순한 일을 벌일 가능성을 막으려는 우리의 의지에 미리 대비하여 자신의 의중을 웹 깊숙한 어디엔가 숨기는 상황을 두려워해야 할 수도 있죠. 우리는 심지어 인공지능의 계획을 전혀 이해하지 못할 수도 있습니다. 2016년 3월 세계 바둑 챔피언을 꺾은 알파고의 몇몇 수는 처음에는 심각한 실수로 여겨졌습니다. 알고 보니 인간의 머리를 넘어서는 고도의 전략적인 수, 천재적인 신의 수였는데 말입니다. 인공지능이 2050년보다 앞서서 인간에게 적대적이게 될지 아닐지는 알 수 없지만, 우리가 서둘러서 우리의 교육 체제를 바꾸지 않는다면 혁명이 일어날 것이라고 장담할 수는 있습니다. 그 혁명은 꼭 기술에만 국한되지 않을 겁니다. 그건 인공지능이 우위를 점한 세상에서 설 자리를 잃게 된, 눈 뜬 장님 같은 학교 때문에 막다른 골목으로 내몰린 99퍼센트의 인간이 대거 참가하는 혁명이 될 것입니다. 오늘날 학교는 적어도 2060년까지는 노동시장에 머무르게 될 젊은이들을 교육합니다. 따라서 학교는 앞으로 다가올 세상을 내다보면서 새로운 전망을 내놓기 위해 애써야 합니다. 인간의 지능이 필수적인, 절대 인공지능으로 대체할 수 없는, 지극히 드문 영역을 찾아내야 하는 것이죠. 물론 인공지능과 힘을 합해야 이 일을 제대로 할 수 있겠죠. 그렇게 해서라도 학생들에게 방향을 제시해야 합니다.

인공지능도 가지가지

인공지능에는 크게 두 가지 유형이 있다. 우선 스마트한 행동을 할 수 있는 강한 인공지능이 있다. 이것은 실재적으로 자의식을 지니고 감정을 느끼며, 그리고 자신의 추론을 이해하는 듯한 인상을 줄 수 있다. 약한 인공지능도 있다. 이것은 자율적인 체계, 즉 인간의 지능을 모방하여 기술적인 문제들을 해결하는 연산 방식을 구축하는 것을 목표로 삼는다. 약 2050년까지 강한 인공지능이 출현하게 될지는 확신할 수 없으나, 약한 인공지능은 이미 많은 과제를 생물학적 뇌보다 훨씬 효율적으로 수행하고 있으며, 이는 과학자들의 상상을 넘어서는 것이다! 『제2차 기계시대—번뜩이는 기술의 시대에 있어서 일, 진보, 그리고 번영The Second Machine Age—Work, Progress, and Prosperity in a Time of Brillant Technoligies』에서 에릭 브리뇰프슨Eric Brynjolfsson과 앤드류 맥아피Andrew McAfee는 로봇과 결합된 약한 인공지능이 얼마나 무서운 속도로 세계 경제를 바꿔놓는지를 보여주었다. 약한 인공지능은 가히 혁명적이다. 2030년이면 구글 자동차는 어떤 인간보다도 안전하게 운전하며, 외과 수술 담당 로봇은 어떤 외과 의사보다도 효과적으로 수술을 집도할 수 있을 것이다. 우리보다 약한 인공지능이 점점 더 많은 일들을 수행하는 상황에 놓이는 것이다. 2016년 3월, 구글이 지분을 모두 소유하고 있는 구글의 자회사 딥마인드가 개발한 인공지능 알파고가 바둑 경기에서 한국의 이세돌에게 거둔 승리는 비생물학적 지능의 역사에서 중요한 전기가 되었다. 전문가들은 기계가 바둑 챔피언을 무찌르는 일이 10년 내지 20년 사이에 일어날 수 있으리라고는 예상하지 못했다. 인공 신경망, 머신러닝, 딥러닝은 무서울 정도로 효과적이며, 뇌 과학과 정보 기술이 결합되었을 때 나타나는 시너지 효과를 확실하게 보여준다. 뇌 과학자이며 게임 개발자이자 게이머이기도 한 데미스 하사비스는 딥마인드를 개발해서 이를 구글에 팔기 전에 뇌 과학 관련 박사 학위 논문 심사를 통과하기도 했다. 무어의 법칙(경험치로 볼 때, 반도체의 용량은 18개월마다 2배씩 증가한다는 법칙)이 숨 고르기에 들어가면서, 자동 학습의 우주 속에서는 새로운 지수 함수 트렌드가 모습을 드러낸다. 이 새로운 트렌드는 폭발적이다. 반도체에 의지하여 발전하는 것보다 컴퓨터 프로그램을 이용해 기하급수적으로 팽창하는 것이 훨씬 쉽다. 아침마다 새로운 반도체 디자인을 발명하기란 불가능하지만 알파고 같은 유형의 프로그램의 품질을 지속적으로 업그레이드시키는 것은 얼마든지 가능하다.

로랑 알렉상드르

장 미셸 베스니에 제가 보기에 선생님의 이야기는 지능에 대해 지나치게 제한적인 정의를 내린 결과라는 생각이 듭니다. 세상에는 똑똑해지는 방식, 다시 말해서 자신이 놓인 환경과 조화롭고 안정적인 관계를 맺는 방식이 무수히 많이 존재합니다. 거기에 약간의 정치적 감각을 더하면 실존의 가장 내밀한 영역까지 파고드는 경리사원의 논리에 항의 표시를 할 수 있을 테고요. 심리학자 하워드 가드너는 인간의 지능을 여덟 내지 아홉 가지로 구분했는데, 이러한 지능은 사물이나 식물(아! 해를 따라 방향을 바꿀 수 있는 해바라기의 지능!) 혹은 동물이나 GAFA에게는 인정해줄 수 없습니다. 예를 들면 리듬을 중시하는 음악적 지능, 내적 또는 상호적 관계에 강세를 보이는 지능, 생태계를 생각하는 자연주의적 지능, 실존적 지능 등이 가드너가 꼽는 지능이니까요. 적어도 이런 지능들은 바둑에서 승리를 거둔 로봇이 야기하는 모멸감으로부터 인류의 자존심을 지켜줄 수 있겠죠. 적어도 이런 지능들은 중국인들이 세계를 정복하기 위해 곧 대량 생산에 돌입할 것으로 여겨지는 아이큐 160짜리 영재들에 관한 무의미한 논란을 잠재울 수 있겠죠. 적어도 이런 지능들은 스티븐 호킹이 예고한 위험을 상대화하는 데 도움이 되겠죠. 호킹은 인간이라는 종의 실존은 실재하는 것에 대한 저항에 토대를 두고 있으며, 인간이 이러한 실존을 주체적으로 이끌어가는 주도자가 아니라 원숭이처럼 기계 흉내를 낼 경우 멸종할 거라고 경고했습니다. 이러한 실존의 발효종으로 오래전부터 작용해온 것이 바로 상징적인 기능들(언어, 문화, 예술 등)이라고 할 수 있습니다.

로랑 알렉상드르   우리가 이미 연산의 세계 속으로 상당히 깊숙하게 들어왔다는 사실을 간과하고 계신 것 같군요. 알파고는 인공지능이 인간을 상대로 승리를 거두기 시작했음을 보여주는 표시입니다. 알파고 이후로는 인공지능의 영향에서 자유로울 수 있는 인간 활동은 거의 없으리라는 거죠. 단기적으로 볼 때, 규소로 만들어진 뇌의 출현은 거의 모든 직업에 엄청난 도전이 될 겁니다. 지능이 우연에 의해서 결정되지 않는 세상에서 우리는 어떤 방식으로 살아가게 될까요? 지금까지 기술 혁명은 각각 한 분야의 일자리를 다른 분야로 이동시키는 결과를 낳았습니다. 가령 농업이 제조업으로 이동하는 식이었죠. 그런데 인공지능이 출현함으로써 위험하게도 이제는 많은 일자리가 다른 분야로 이동하는 것이 아니라 아예 사라질 가능성이 커졌습니다. 심지어 대단히 까다로운 자격을 요구하는 일자리까지도 사정이 그렇게 되었다고요! 영상 의학 분야만 하더라도, 인공지능은 특정 유형의 전이를 진단하는 데에는 인간을 능가합니다. 페이스북의 인공지능 분야의 수장인 얀 레쿤Yann le Cun은 머지않아 인공지능이 가장 뛰어난 영상의학 전문의들까지 가뿐히 제칠 거라고 장담했습니다.

장 미셸 베스니에 인간을 육체적으로 죽이고, 이어서 정신적으로 죽이더니, 이제 인간의 일자리까지 죽이는군요. 그렇다면 인공지능은 각기 다른 방식으로 인류를 살해하도록 설계된 셈이네요. 로봇공학 전문가들 중에는 우리가 대화를 시작하는 단계에서 내가 언급한 공개 서한의 작성자 미래생활 연구소Future of Life Institute 측이 표명한 우려들에 대해서는 동의하지 않는 사람들이 적지 않더군요. 가장 최근에만 하더라도, 알파고의 약진으로 세계가 놀라던 무렵 그들은 이 같은 입장을 표명했죠. 또 그보다 앞서서는 딥블루가 세계 체스 챔피언 가리 카스파로프를 이겼을 때, 혹은 텔레비전 퀴즈쇼 〈제퍼디!〉에서 왓슨이 승리했을 때도 그 승리의 파장을 최소화하는 목소리를 냈습니다. 그런데 왜 사람들은 그들의 이야기는 듣지 않고 미리 겁부터 먹는 걸까요? 그건 분명 그들이 구상하여 제작하는 기계들이 너무 복잡해서 우리를 주눅 들게 하기 때문일 겁니다. 사실 보통 사람들이 신경 체계와 똑같은 기능을 지닌 다층 뉴런 형식 체계 장비, 다시 말해서 알파고에 장착되어 경이로운 역량을 발휘하는 것과 같은 장치를 상상한다는 건 쉬운 일이 아닙니다.

그러니, 자주 그렇듯이, 우리가 스스로 무력하다고 느끼게 되는 건, 그러니까 우리의 경우로 보자면, 인공지능이 인간을 죽이게 될 거라고 생각하게 되는 건 결국 우리의 무지 때문일 수 있습니다. 곧 하늘이 무너질 거다! 레이 커즈와일이 하는 말이 바로 그 말이죠! 하지만 그 로봇공학 전문가들은 자신들이 지능을 만들어내고 있다는 사실은 의심하지 않습니다. 그들 가운데 일부는 심지어 자기들이 만드는 기계에 의식까지 불어넣고자 합니다. 그러므로 이런 이들은 다른 곳에서는 타오르는 불길을 진화한다면서 오히려 비관론을 유지시켜 나가고 있는 셈이죠. 방화범이면서 동시에 소방관이라는 이중적인 모습으로 보이지 않으려면 이들은 입장을 분명히 해야 할 필요가 있습니다. 그럼에도 이들이 그렇게 하지 못하는 것은 이 논란의 핵심인 지능이라는 문제가 벌써 오래 전부터 많은 오해로 모호해진 상태이기 때문입니다.

로랑 알렉상드르 방금 입장을 분명히 해야 한다고 했는데, 그렇다면 어떻게 해야 그게 가능할까요? 구글의 인공지능을 금지한다는 건 현실적으로 불가능할 테지만, 규소로 만든 뇌에 관한 어떤 틀을 세우는 건 가능할 것으로 보이니 그 문제를 놓고 전 세계적인 차원에서 성찰이 이루어져야 한다고 봅니다. 구글의 승리로 앞으로 인터넷계 큰손들, 우리 인간 문명의 핵심에 인공지능을 도입하려는 그들 사이의 전쟁이 가속화될 것으로 전망되는 만큼 이러한 성찰은 더 더욱 시급합니다. 결정적으로 앞으로 수십 년 안에 인공지능 담당 경찰을 창설해야 합니다. 이에 대해 GAFA를 비롯하여 IBM도 대대적인 투자를 아끼지 않고 있는데, 그중에서도 구글이 제일 앞서가고 있습니다.

9장

인공지능의 출현은
어떤 경제적 변화를 가져올까?

현재 진행 중인 기술혁명은 경제적으로도 굉장히 중요한 쟁점이 아닐 수 없다. 재력으로 보자면 세계의 많은 나라들보다 훨씬 큰 비중을 차지하고 있는 GAFA가 개인 정보를 원자재로 삼는 변화의 주역이기 때문이다. 21세기에 개인 정보는 19세기의 석탄에 해당된다.

로랑 알렉상드르 구글의 리더들이 지향하는 트랜스휴머니 즘적 방향에 대해서는 이미 앞에서 이야기했습니다. 그런 데 비단 구글 뿐만 아니라 디지털 생태계 전체, 특히 실리 콘 밸리 일대가 전반적으로 트랜스휴머니스트 이념에 근 접한 경향을 보입니다. 2016년 3월, 레이 커즈와일은 2035 년 무렵이면 우리가 뇌 속 뉴런에 삽입해놓은 나노로봇을 이용해 인터넷에 접속하게 될 것이라고 선언했습니다. 이 는 신경 과학기술 분야에서 이미 세계적인 일인자로 군림 하고 있는 구글이 뇌를 정복하는 과업에서 새로운 단계로 넘어가고 있음을 말해줍니다. 구글은 검색 엔진과 구글 지 도, 구글 자동차, 그리고 네스트를 통해 우리를 웹과 실재 의 세계로 인도했습니다. 이어서 구글은 기억의 일부를 저장하는 일을 시작했죠(G 메일, 피카사). 그 뒤를 잇는 새로운 단계는 의식까지 겸비한 진정한 의미의 인공지능의 출현과 더불어 함께 시작될 겁니다. 커즈와일에 따르면, 이 진정한 의미에서의 인공지능은 우리가 앞에서 말했듯이, 2045년부터는 벌써 인간의 지능을 깔아뭉개 버릴 것이라더군요. 이 시기가 되면 인공지능은 모든 인간의 뇌를 전부 합한 것보다 10억 배는 더 강력해지리라고 커즈와일은 예측합니다. 일부 구글 리더들은 현 시점에서는 인공지능과 우리 뇌의 인터페이스화가 최종 단계가 될 것이라 주장합니다. 일론 머스크도 뇌 용량의 증대라는 꿈같은 미래에는 공감했습니다.

2016년 6월 2일, 일론 머스크는 리코드Recode*가 주관하는 코드 컨퍼런스Code Conference**에서 인공지능에 맞서서 인간이 생존하기 위해서는 우리가 신속하게 뉴런을 전자 부품들과 공유해야 할 것이라고 촉구했거든요!

---

* 신기술을 다루는 미국의 인터넷 사이트. 월터 모스버스, 카라 스위셔 등 〈월스트리트저널〉의 IT 담당 스타기자들이 2003년에 만든 '디지털의 모든 것All things digital'의 후속으로 2014년에 만들어졌다.

** IT업계 거물들 중에서도 최고만을 엄선해 연사로 초청해 세계적으로 주목받는 미국 IT업계의 대표적 행사.

장 미셸 베스니에　계속 구글과 실리콘 밸리 기업들 이야기만 주로 하시는데, 제가 보기에 문제는 그보다 훨씬 복잡합니다. 앞으로 번영을 누릴 수 있는 길이 기술 혁신뿐이라고 굳게 믿는 기업이라면 너나 할 것 없이 트랜스휴머니스트들이 독점하다시피 하는 충격적인 선언들의 뒤꽁무니라도 잡고 따라가려고 발버둥 칠 것이기 때문이죠. 혁신 문화란 무엇보다도 어떤 상품이 살아남고, 추후 더 개발될 만한 가치가 있는지에 대한 판단을 시장에 일임하는 것입니다. 그런데 어떤 상품이 특정한 필요에 부응하도록 고안되었다기보다(그런 상품이라면 당연히 기획에 앞서 성찰 과정이 있어야 했겠죠) 웬 공학자, 디자이너, 투자가, 제조업자 같은 이들이 퍼뜩 내놓은 번뜩이는 아이디어에 맞춰 이 세상에 나왔다는 말이 더 어울릴 때, 그 아이디어는 소비의 영역에서 선택을 받거나 혹은 받지 못할 것입니다. 요컨대 신 다윈주의적 유형이 출현하여 이와 같은 경제를 움직이는 원칙으로 기능하는 겁니다. 이렇게 되면 경제는 더 이상 알버트 허쉬만의 책처럼 '도덕학과 정치학으로서의 경계'가 아니며, 그렇다고 단순히 보이지 않는 손의 발현도 아닙니다. 경제란 극자유주의적인 혹은 절대자유주의적인 종교가 되는 겁니다. 메가톤급 기계, 혁신을 통해 그걸 만들어낸 대담무쌍한 창조자들에게 부를 거머쥘 수 있는 기회를 보장해주는 기계의 강림을 기다리는 종교란 말입니다. 이런 의미에서 보면, 오늘날 수많은 어플을 세상에 뿌리는 벤처기업들 또한 트랜스휴머니즘의 기치에 충성하는 기업들의 특성을 고스란히 지니고 있습니다. 시장에 혁신적인 상품을 내놓아 그것들이 사방팔방으로 날개 돋친 듯이 팔려나가도록 한 다음, 포스트휴먼, 아니 거기까지는 아니라도 적어도 그 기계들과 조화를 이뤄야하는 인류를 대상으로 새로운 조건을 만들어 나가니까요. 이른바 정보의 경제라고 하는 것은 왕국입니다. 커즈와일에게서 영감을 받은 특이점 예언이 승승장구하는 왕국이죠. 그 왕국에서 창의성은 우리의 삶을 보다 편리하게 바꿔주리라고 여겨지는, 다시 말해서 더 자주 접속할 수 있는 스마트한 물체들, 도저히 상상 불가능한 인터페이스, 디지털 플랫폼을 얼마나 많이 제안하느냐로 측정됩니다. '순 순 순Soon Soon Soon'이라는 프랑스 웹사이트는 지구상에 산재해 있는 수많은 혁신 (그들은 이를 가리켜 '라이프 스타일'이라고 부르죠) 감시자들을 활용해서 더 이상 잡다할 수 없어 보이는 온갖 물건들을 한 자리에서 보여주는 일을 전문으로 합니다. 그 물건들이 보여주는 기술적 기발함 때문에 앞으로 다가올 우리 일상생활의 변화를 알 수 있다는 거죠. 건강 분야가 흔히 이러한 혁신적 아이디어를 아주 잘 수집하는 편입니다. 사람들은 오래 살기 위해서라면 일상생활에서 무엇이든 받아들일 준비가 되어 있으니까요. 전자 팔찌, 식품스캐너, 진동 포크(왕년의 발명왕 레핀 씨의 손자가 발명했다고 합니다!), 인터넷을 이용한 청진, 저가 DNA 염기서열 판독 프로그램, 알약 형태로 삽입 가능한 나노로봇 등 좌우지간 다 받아들인다니까요.

심각한가요, 구글 의사 선생님?

늦어도 2030년까지는 전문가 시스템expert system*의 도움을 받지 않고는 그 어떤 의학적 진단도 내릴 수 없

* 생성 시스템의 하나로 인공지능 기술 분야에서 가장 활발하게 응용되는 분야. 사람이 가진 전문 지식을 정리하여 컴퓨터에 입력시켜 놓음으로써 전문 지식이 없는 일반인들도 이용 가능하도록 만들어놓은 시스템이다. 의료 진단 시스템, 설계 시스템 등이 있다.

는 시대가 올 것이다. 오늘날과 비교해볼 때 백만 배가 넘는 데이터가 축적될 테니 그럴 수밖에 없다. 이러한 혁명은 게놈학, 신경과학, 사물인터넷이 동시적으로 발달한 결과다. 가령 어떤 종양의 생물학적 양상을 완전히 분석한다는 건 무려 20조 개에 이르는 방대한 양의 정보를 파악한다는 뜻이다. 머지않아 무수히 많은 전자 감응기들이 우리의 건강을 모니터링하게 될 것이다. 구글이 당뇨병 환자들을 위해 개발한 렌즈 같은 사물 인터넷들이 처음에는 수천 개에서 시작해서 점차적으로 매일 환자별로 수십억 개의 정보를 생산해내기 시작할 것이다. 구글의 비공개 연구소인 "구글 X"에서는 나노입자들을 이용해서 질병을 초기에 찾아내는 체계를 개발 중이다. 이 나노입자들도 엄청난 양의 정보를 생산해낼 것이므로 가능한 일이다. 의사들은 진정한 의미의 '디지털 쓰나미'에 직면하게 될 것이다. 오늘날에는 고작 몇 줌도 안 되는 정보만 취급하던 의사들이 앞으로는 수십 조 가지의 정보를 해석해야 할 테니까. 제아무리 〈닥터 하우스〉*라도 이처럼 어마어마한 정보의 홍수에는 당해낼 재간이 없을 것이다. 의사라는 직업은 이토록 갑작스러운 변화에 적응할 수 있을 것인가? 참고로 현실은 다음과 같다. IBM이 개발한 진단 시스템 왓슨은 불과 몇 초 만에 수십만 가지 과학적 작업을 수행해 돌연변이 암세포를 파악하는데, 이는 환자 한 명만을 돌보는 암 전문의가 밤낮으로 쉬지 않고 일을 한다고 해도 무려 38년이라는 시간이 걸리는 것과 대조적이다. 이 정도의 시간이라면 분명 환자의, 아니 심지어 종양학자 자신의 기대 수명보다 더 오래 걸리는 셈이니, 환자는 제대로 된 진단이 나오기도 전에 사망에 이르기 쉽다. 이는 심각한 문제가 아닐 수 없다. 의사가 의학계에서 생산되는 수십 조 가지의 정보를 빠짐없이 확인한다는 건 애초부터 현실적으로 불가능하므로, 우리는 우리의 의사와는 무관하게, 의학계 내에서 상당히 급진적이고 고통스럽게 힘의 균형이 변화하는 것을 목격하게 될 것이다. 의사들은 그들이 작성하지 않

---

* 데이빗 쇼어가 쓴 미국 드라마의 제목이자 그 드라마의 주인공.

은 처방전에 서명이나 하는 위치로 전락하게 될 것이다. 2030년 무렵쯤이면 현재 간호사가 하는 일들을 의사가 처리하게 될 것이다. 다시 말해서 현재 간호사들이 의사의 지시를 따르듯 의사들은 컴퓨터 연산 방식에 매인 몸이 될 것이다. 부차적으로 나타나게 될 또 다른 결과를 꼽자면, 의학 윤리는 더 이상 명확하게 의사의 머리에서 나온 산물이 아니라, 어느 정도는 전문 의료 진단 시스템이 함축적으로 개입한 결과물이 될 것이다. 의학적, 의학 윤리적 권위는 이제 컴퓨터 프로그램 개발자의 손에 달리게 되는 것이다. 이와 같은 전문가 시스템은 강력한 역량과 강력한 인공지능으로 무장한 괴물이 될 것이다. 디지털 경제의 선두주자(구글, 애플, 페이스북, 아마존)는 물론 IBM과 마이크로소프트는 의심할 여지없이 이처럼 새로운 의학의 지배자로 등극할 것이다.

로랑 알렉상드르

로랑 알렉상드르　방금 나눈 이야기들은 다소 지엽적이라고 말할 수도 있습니다. 하지만 앞으로 수십 년 후면 구글이 인류를 완전히 바꾸어놓을 것이라는 데에는 이론의 여지가 없습니다. 검색 엔진에서 출발한 구글은 이제 신경계통 보철이 되었습니다. 대략 15년 후면 구글은 우리가 질문을 하기도 전에 대답을 제시하게 될 겁니다. 구글이 한집에서 같이 사는 아내나 남편보다도, 아니, 심지어 우리 자신보다도 우리를 더 잘 알게 될 거라고 레이 커즈와일이 자랑스럽게 공언하지 않았습니까? 그는 또한 2045년부터는 우리의 기억과 의식도 마이크로 칩에 저장할 수 있다는 말도 했습니다. 그렇게 되면 우리의 정신은 우리의 생물학적 죽음, 곧 육체가 죽은 후에도 살아남게 되겠죠. 정보과학과 신경과학이 하나가 되는 거라고요!

장 미셸 베스니에　과연 그럴지 두고 봐야겠군요. 그때까지는 정보를 이용해서 돈을 벌고자 하는 기업은 너나 할 것 없이 모두 트랜스휴머니스트들을 따라하려고 기를 쓰겠네요. 정보만능주의의 물결에 어느 기업이 감히 저항할 수 있겠습니까? 데이터를 모으고, 디지털 네트워크를 개발하고, 사용자를 상품으로 탈바꿈시켜서 그들이 넘겨주겠다고 동의한 (혹은 동의하지 않은) 정보를 활용하고…….
GAFA는 이와 같은 변화의 전선에서 가장 선두에 서 있고, 그들의 뒤를 자칭 '소셜 네트워크'나 '보험회사', '파생상품', '검색엔진', '온라인 매장'이라고 하는 기업들이 뒤따라가는 형국인 거죠. 미국 캘리포니아 출신 디지털 기술의 선구자들 가운데 한 명인 제이런 래니어Jaron Lanier는 2013년에 출간한 『미래는 누구의 것인가?Who owns the future?』에서 그가 '사이버 서버siren server'라고 명명한 것을 설명합니다. 웹에서 한창 성업 중인 이 사이버 서버는 빅 데이터를 수집하는데—대가도 지불하지 않고 데이터를 긁어모으는 경우가 자주 있죠— 이 빅 데이터가 진정한 의미의 데이터로 활용되기 위해서는 항상 높은 단계의 인공지능이 요구됩니다. 그렇기 때문에 트랜스휴머니스트들이 전개하는 결별 (특이점) 시나리오에 잘 들어맞는 성향이라고 할 수 있습니다. 비물질적인 것, 즉 정보경제학의 구성 요소를 관리하고 활용하는 활동은 자연스럽게 우리가 흔히 인지자본주의라고 부르는 것에 추진력을 달아주며, 이는 잠재적으로 금융기관의 부상(롱텀 캐피탈, 엔론 등)을 정당화합니다. 이들 금융기관은 우리가 모든 주도권을 빼앗겼다는 상실감에 불을 지핍니다. 트랜스휴머니스트들은 특이점을 받아들이도록 우리를 설득하는 논리로 이러한 상실감을 이용하는 거고요. 경제학자들은 이제 더 이상 별다른 예측을 내놓지 않거니와 경기 전망과 장기 계획 분야에서는 아예 발을 뺐습니다. 그 대신 규제라고는 없는 고삐 풀린 시장과 세계화 때문에 우리가 헤어 나오지 못하고 있는 복잡성 이론을 모델화하는 작업에만 매달리고 있습니다. 이런 것을 보면 적잖이 놀라운데, 이렇게 된 이유는 지극히 간단합니다. 인간의 뇌가 아닌 연산 방식이 주인으로 군림하고 있기 때문입니다. 인공지능이 개입하여 만들어진 데이터를 바탕으로 통계적으로 분명하게 드러난 상관관계에 따라 중대한 결정(예를 들어 시장에 투자할 것인가, 아니면 이미 투자한 자금마저도 회수할 것인가)을 내리는 거죠. 기술사회에서 경제활동을 하는 것은 인간이 스스로 미래를 만들어가지 않는 트랜스휴머니즘적 세계관과 밀접한 관계가 있습니다. 이렇게 본다면 제이런 래니어가 그토록 열렬히 옹호하는 휴머니즘적인 정보 경제는 지나치게 유토피아적이라는 비난을 피하기 어려울 것으로 보입니다.

우리가 살고 있는 능력주의 사회에서는 주로 지적 역량의 차이가 수입과 자산의 격차를 정당화(그것이 근거가 있건 없건)한다. 그런데 인공지능의 개발로 이와 같은 근거는 와해될 것으로 보인다. 기계의 역량과 비교해볼 때, 인간의 지능은 솔직히 보잘 것 없다. 그렇다면 앞으로 전개될 새로운 사회에서 인간은 1대 1000이라는 격차를 용납할 것인가? 우리가 구글의 리더들이 제안하는 뇌 속에 심는 마이크로칩을 받아들일 경우, 사람들 간의 수입의 격차는 어떻게 정당화될 것인가? 어차피 인간의 역량이란 타고난 품질이 아닌 뇌에 심은 보철의 용량과 직접적으로 연결되어 있을 테니 말이다. 그뿐 아니라 인공지능 사회는 노동을 하지 않는 사회가 될 가능성도 상당히 높다. 그렇게 된다면 화폐는 현재의 기능을 상실하게 될 것이다. 가령 배터리 충전 몇 초 만에 10억 명의 암 연구자들을 하드디스크에 찍어낼 수 있게 된다면, 암 연구자의 가치는 어떻게 매겨야 할까? 모든 재화와 서비스는 기계에 의해서 얼마든지 새로 생겨나고 만들어질 수 있으며, 그 품질 또한 그 어떤 인간보다, 심지어 증강인간이라고 할지라도 인간이 만든 상품보다 훨씬 뛰어날 것이다. 결국 능력주의는 와해될 것이다. 능력이라는 것 자체가 불가능해진다면 무슨 수로 자산을 분배할 것인가? 제일 좋은 해결책은 각 개인에게 재화와 서비스를 동등하게 분배하는 것이다. 자신의 노동이 아닌 필요에 따라 배급받는 공산주의 2.0의 도래라고나 할까. 그러니 『21세기 자본』으로 일약 베스트셀러 작가의 반열에 오른 경제학자 토마 피케티가 아니라 인공지능이 수입의 불평등을 제거하게 된다는 말이다. 자본주의는 인공지능을 장착한 스마트한 기계의 시대에는 살아남지 못할 것이다.

로랑 알렉상드르

로랑 알렉상드르　동의합니다. 신경과학 기술은 사회 질서를 뒤흔들어놓는다는 점에서 문자 그대로 혁명적입니다. 우리는 과연 그 혁명을 피해갈 수 있을까요? 반 신경과학 기술 혁명은 가능할까요? 장담컨대 그건 아닐 겁니다. 일정 기간을 두고 볼 때, 전자회로와의 교배를 거부하는 인간은 노동시장에서 절대 경쟁력을 가질 수 없게 될 겁니다. 증강되지 않은 인간들―이들은 불가피하게 하층민으로 전락하게 될 것입니다―과 증강된 인간들이 서로 다른 리듬으로 사는 사회를 상상할 수 있을까요? 더구나 재능을 타고 나지 못한 사람들의 역량을 인위적으로라도 보강시켜주지 않는다면, 그건 과연 도의적인 걸까요? 다른 사람도 아니고 바로 빌 게이츠가 인공지능과 로봇공학의 융합이 가져올 결과에 대한 정치적 토론의 장, 성찰의 장이 마련되지 않는 것에 경악을 금치 못하겠다고 격분했습니다. 그는 2035년 무렵이면 대부분의 직업군에서 자동 인간이 인간을 대체하게 될 것이라고 내다봤습니다. 거기에는 물론 건강 관련 직업들도 포함되죠. 신경과학 기술의 잠재력은 구글 내부에서도 우려를 낳고 있습니다. 때문에 구글은 인공지능만을 전적으로 담당하는 윤리위원회를 발족시켰습니다. 그 위원회는 인류 일반과 관련된 질문들에 대해서 숙고해야 할 겁니다. 그 질문들이란 가령 인공지능에 제한을 두어야 할 것인가? 인공지능을 어떻게 통제할 것인가? 인공지능을 우리의 생물학적 뇌와 결합시켜야 할 것인가? 이런 것들이 되겠죠. 페이스북의 인공지능 책임자는 우려를 불식시키려는 듯, 2016년 6월 17일 자《피가로》에 기고한 글에서, '터미네이터' 식의 시나리오는 적어도 향후 20년 동안은 생각하기 어렵다고 단언했습니다. 그런데 사실 20년은 눈 깜빡할 시간입니다! 뇌 보철 운운하는 시대에 신경 조작이라거나 신경 해킹 위험은 절대 간과할 수 없습니다. 그리고 그 위험은 고스란히 신경 독재로 연결됩니다. 우리에게는 신경 기술 혁명주의자들의 권력을 통제할 수 있는 틀이 반드시 필요합니다. 우리 뇌의 통제권은 앞으로 가장 으뜸가는 인권으로 부상할 것입니다.

10장

신기술로 인한 사회 변화를
정치적으로 제어할 수 있을까?

신기술이 예고하는 사회의 지각 변동은 피할 수 없을까? 그렇다면 국가가 해야 할 일은 무엇일까? 트랜스휴머니즘이 제기하는 이 엄청난 쟁점들을 제어하고 관리할 수 있는 기술 민주주의를 정립해낼 수 있을까?

로랑 알렉상드르   일찍이 인류가 이토록 중대한 도전에 직면한 경우는 아주 드뭅니다. 우리가 장기적으로 나아가야 할 방향을 정하는 일이야말로 이 시대가 안고 있는 가장 중요한 정치적 과제라고 하겠습니다. 그런데 우리가 이제껏 이루어놓은 문명을 송두리째 바꾸어놓게 될 혁명은 디지털 산업계의 큰손들과 중국의 주도 하에 태평양 연안을 중심으로 진행되고 있습니다. 사이버 세계를 자신들의 식민지로 만든 이후 GAFA는 로봇공학, 인공지능, 유전학, 나노 기술과 같은 분야에서 절대적인 우위를 차지하고 있습니다. 대다수가 공학도 출신인 중국 지도자들은 '차이나 2050'*을 적극적으로 홍보하고 있습니다. 예전에는 완

---

* 2050년까지 중국을 세계를 선도하는 현대적인 사회주의 국가로 만들겠다는 시진핑 주석의 청사진을 가리킴

급 조절의 주도자 역할을 했던 프랑스 정부는 미래를 창조해내려는 새로운 주역들의 등장으로 잔뜩 경직되어 있습니다. 국가 서열에서 높은 위치에 있는 인물들일수록 기술 문맹인 것은 거의 상례입니다. 미래학자 조엘 드 로네 Joël de Rosnay는 미래를 이해하려면 미래를 사랑해야 한다고 힘주어 말합니다. 그의 말이 맞습니다. 가히 폭발적이라고 할 수 있는 NBIC 기술은 국가에 조정자라는 역할로 새로운 가치를 부여할 것입니다. 기술과 법이 융합하고 "코드가 곧 법"이라는 말은 정치 현실이 되었습니다. 국가가 감시인 역할을 포기하는 것은 침몰을 자초하는 것이며, 기술이 점점 더 무서운 속도로 사회를 구조화하도록 방치하는 것이나 다름없습니다. 우리가 알지 못하는 사이에 권력의 무게 중심이 서서히 옮겨가는 거죠. 기술이 법보다 더 힘이 세니까요. 실리콘 밸리 금융계의 큰손 피터 틸Peter Thiel*의 말은 그런 의미에서 매우 경청할 만합니다. 그는 "대기업은 세상을 바꾸려는 음모"라고 설명했습니다. 하이테크 기업들은 자기들이 정치적 역할을 하고 있다고 믿습니다!

---

* 1967 - , 독일에서 태어난 미국 기업인. 헤지펀드 운영자, 벤처 기업 투자자로 1998년 일론 머스크 등과 공동으로 페이팔을 창업하고, 페이스북에 일찌감치 투자한 것으로도 널리 알려져 있는 인물.

장 미셸 베스니에 내 생각에, 문제는 국가가 아니라 민주주의입니다. 그러니 우리가 지금 논의하는 문제를 이런 식으로 바꿔 말해보죠. 연구가 진행될 경우 우리가 얻게 될 인간의 역량을 어떻게 다룰 것인가? 이 질문은 생물윤리학의 목표를 가리키기도 하지만 동시에 정치도 포괄합니다. 물론 이때의 정치란 함께 잘 살기 위한 조건들을 결정하고 이를 구비하는 공간이라는 이상적인 의미로 이해해야겠죠. 일단 기술은 선험적으로 스스로를 제한하지 못한다는 사실을 인정합시다. 흔히 기술은 인간의 역량이 허락하는 과도함(고대 그리스인들은 휴브리스hubris라고 했죠)의 표현이라고들 하지 않습니까. 외부에서 제동을 걸어야만 기술을 제한할 수 있습니다. 다시 말해 기술은 심사숙고를 거쳐 상징성의 영역(언어가 허락해주는 정치적 소통)의 제한을 받아서 그 과도함을 완화시켜야 한다는 뜻이죠.

NBIC를 겨냥하는 윤리위원회?

기술 혁신 분야의 규제는 바이오 기술과 관련한 선
례에서 그 근거를 찾을 수 있다. 프랑스는 1983년 프
랑수아 미테랑 대통령 시절에 국가윤리자문위원회
(CCNE)를 발족했다. 동시대인들에게 생명공학과
관련한 문제의식을 길러주는 것(시민들을 위하여 사
안별로 지속적으로 의견을 개진하는 것 외에 해마
다 공개 회합을 개최하는 것이 이를 위한 한 방편이
었다)이 위원회의 주요 임무였다. CCNE가 제시하
는 자문 의견은 그 자체로서 법률적인 효력이 있는
것은 아니지만, 입법 담당자들의 활동에 영향을 끼
칠 수밖에 없으며, 실제로 생명윤리법(최근 개정되
었다) 제정에 CCNE의 의견이 막강한 배경으로 작용
했다. 이 법률들은 바이오 의학 기술(가령 영상 의학,
유전자 이식, 줄기세포 등)로 빚어지는 우려를 반영
하고 있는 만큼, 윤리 영역에서 적용되어오던 규제가
집대성된 결과물이라고 할 수 있다. 이 말은 "앙트로
포테크니anthropotechnies"*, 즉 인간을 만들어내는 기술

에 갖춰진 절제와 균형은 현자들—CCNE의 경우 정계의 권위자들(각료회의, 대통령 등)—의 충분한 토론을 통해 나온 결과물로서 명망이 높다는 뜻이다.

장 미셸 베스니에

이보다 한 걸음 더 나아가기 위해서는, 그러니까 윤리가 부당하게 전문가들만의 전유물이 되는 것을 방지하기 위해서는, 기술 민주주의로 나아가야 합니다. 기술 민주주의를 지지하는 사람들 중에는 미셸 칼롱Michel Callon이나 브뤼노 라투르Bruno Latour 같은 사회학자들이 있습니다. 현재 대의 민주주의는 결정권자와 사용자, 전문가와 비전문가 사이의 대립을 공고히 한다고 지탄받고 있는데, 이 자리를 기술 민주주의가 이어받아야 한다는 거죠. 기술 민주주의

---

* 프랑스어에서 인류학을 뜻하는 anthropologie와 기술을 의미하는 technique를 결합하여 만들어낸 신조어로, 벌써 수십 년 전부터 피임약, 운동선수들의 도핑, 향정신성 의약품을 본래 용도와 다르게 복용하거나 성형수술을 하는 등 매우 다양한 혁신을 총체적으로 지칭해왔으나, 최근 들어 트랜스휴머니즘의 급부상과 더불어 그 의미가 새롭게 재조명되고 있다.

는 정부의 결정만 따르지 않고, 적어도 윤리 문제만큼은 바이오 기술의 진화 발전에 깊숙하게 관여하고 있는 다양한 주역들(환자, 의료진, 학자, 제조업자, 엔지니어 등)에게 자문의 폭을 넓힐 겁니다. 이러한 문제를 공론화할 수 있도록 제도적으로 뒷받침할 수 있는 여건 조성, 사회적 평가, 혁신을 둘러싼 규제에 관한 규정 등이 민관 합동 토론회나 시민 집회 등에서 주요한 주제가 될 수 있으리라 봅니다. 인간을 개선하기 위한 기술을 '정치 쟁점화' 하자, 곧 그 기술이라는 것들을 담론화하고, 그 기술들이 민주주의의 심판을 받도록 하자는 것이 이러한 집회의 목적이라는 말입니다. 그런데 말이 쉽지, 저절로 되는 일은 하나도 없습니다. 시민들의 토론 결과에 따라 유럽연합이 스위스 로잔에 휴먼 브레인 프로젝트, 즉 인공 뇌를 연구하는 프로그램을 유치하고 10억 유로를 지원하기로 결정한 것을 생각해보십시오. 만일 이 쟁점이 전문 학계와 "뭣 좀 아는 문외한들", 그러니까 CCSTI (Centres de culture scientifique, technique et industrielle, 과학기술산업 문화 연구소)를 이끌어가는 부류의 인물들이 참여하는 집단에게만 일임되었다면, 이번 같은 결정은 절대 나올 수 없었을 겁니다.

INRA(Institut national de recherche agronomique, 국립 농업연구소) 같은 일부 연구 기관은 '연구 계획 수립 전 자문' 제도를 두고 사용자 연합, 비전문가 패널들을 참여시키고 있는데, 이는 매우 좋은 생각이라고 봅니다. 시의적절하기도 하고요. 신기술을 받아들이기 위해 정부가 독단으로 공공 토론회를 주최하면 막다른 골목에 들어서기 십상인데, 비전문가도 참여시키면 이런 암초에 부딪힐 가능성을 사전에 줄일 수 있으니까요.

로랑 알렉상드르 불행하게도, 정치 시스템은 국민 정서나 언론이 가하는 압력의 지배를 받는다고 해도 과언이 아닙니다. 이 때문에 장기적 관점에서 국민의 이익을 추구한다는 전통적인 의미의 국가관, 국가의 정당성이 훼손되기도 하고요. 정치가 무력해질수록 독선과 권위주의로의 요구가 커지는 것은 자연스러운 귀결입니다. 시사 전문 사이트 아틀란티코Atlantico의 의뢰로 진행된 한 여론조사에 따르면, 프랑스인의 67퍼센트가 국가 경영을 선출된 자가 아닌 전문가들에게 위임하기를 원했고, 전제적인 정치권력에 찬성하는 비율도 40퍼센트나 되었습니다.

장 미셸 베스니에 그런데 그 전제적인 권력이 인류를 향상시키자고 결정하면 어떻게 되는 거죠? 인간을 모두 증강시키자고 독단으로 결정하면 어떻게 되는 거냐고요? 이건 반드시 제기해보아야만 하는 질문입니다. 증강인간이 우리 사회가 유지하고 있는 다람쥐 쳇바퀴 돌리는 삶에 더 유리하기 때문입니까? 아니면 20세기 초에 영국학자 프랜시스 갤턴이 옹호한 우생론에서 주장하듯, 인간도 스스로 끊임없이 양을 늘려간 기계들의 역량 정도는 갖춰야 하기에 그러는 겁니까? 아니면 질병과 죽음을 피할 수 없는 나약한 존재라는 삶의 조건을 인간이 점점 더 힘들어하기 때문입니까? 어찌되었든, '증강인간'(어휘 면에서 볼 때, '향상인간humain amelioré'과 혼동되어 사용된다)은 어쩔 수 없는 숙명이 아니며 그와 같은 인간을 생산하는 것에 대한 반대 의견도 만만치 않습니다. 그렇게 되면 인류가 신기술이 만들어낸 보조 장치를 장착한 인간과 그런 장치를 구입할 능력이 없는 인간, 이렇게 두 부류로 분열될 수밖에 없겠죠. 또 우리 같은 생명체에게 고유한 특성이라고 할 수 있는 완벽해질 수 있는 가능성, 정상/비정상을 가르는 규범 등에도 제한이 생길 테고요. 자유의지를 질식시켜버리는 대신 인간성을 말살하는 기술 과학적 결정론에 우리를 무방비 상태로 내동댕이치겠죠. 복제 인간 전략을 세우는 토대도 마련될 테고요. 그렇게 되면 인간은 다른 이의 게놈을 양도받아 사는 셈이 되겠죠. 인간 향상 기술을 규제한다고 해서 그로 인해 나타나는 사회적·인류학적 결과에 대한 면밀한 검토까지 저절로 피해갈 수 있는 건 아닙니다. 규제는 철학적 질문들, 다시 말해서 문외한이 점점 더 답을 듣고 싶어 하는 질문들이라고 해야겠죠, 아무튼 이러한 질문들을 수용한 후에 이루어져야 합니다. 예를 들자면, 인간의 조건에서 우연을 완전히 배제하기를 원하는가? 진화를 통제한다는 것은, 그것이 생명체의 다양성과 이종교배를 사라지게 한다는 점을 고려한다면, 궁극적으로 치명적인 결과를 가져오는 건 아닐까? 우리는 과연 자율적인 인간을 만든다고 말할 수 있는가? 그 인간들에게 외부에서 주어지는 규범과 형식에 복종하도록 강요하면서 어떻게 자율적인 인간을 기대할 수 있단 말인가?

로랑 알렉상드르   나 또한 그와 같은 질문들에 공감합니다. 하지만 지금의 공권력은 그 문제에 대해 논의할 역량을 갖추지 못했습니다. 그 문제들이 이 시대가 직면한 가장 화급한 문제임에도 말입니다. 실리콘 밸리에서 밀려오는 높은 파도에 국가는 아연실색하기만 할 뿐, 반응 속도는 느려터지기만 합니다. 우리가 지금 이야기하는 엄청난 도전에 비교해보면, 최근의 정치 토론은 정말 비극적일 정도입니다. 그러니 단기적 안목이라는 폭군의 포로가 되고 만 민주주의 조종 방식을 새롭게 바꾸는 일이 시급한 과제입니다. 단기적인 전망만으로는 NBIC 혁명을 제대로 꿰뚫어보고 그에 대해 성찰할 수 없으니까요. 신기술 지향주의자 집단과 돈 많은 거부들이 세운 각종 재단에 의해(물론 저마다 천 년 앞을 내다본다는 계몽적인 독재체제도 빼놓을 수 없죠) 우리의 운명이 옴짝달싹 못하게 저당 잡히기 전에, 디지털을 활용해서 정치에 새로운 활력을 불어넣을 수 있을까요? 아니면 이와 반대로, 전자 정치가 모든 장기적 비전은 안락사시키고 오직 즉각성만이 계속 지배하게 하려는 걸 두려워해야 할까요?

대단히 장기적인 비전을 가진 제3의 주역, 즉 박애자본주의philanthrocapitalisme의 부상과 더불어 정치권력의 파편화가 빨라지고 있다. 박애자본주의는 제조업계 리더들의 전문성에 의학과 과학의 성과를 전파하는 메시아적 비전을 결합시킨 형태로 나타난다. 빌 게이츠, 워렌 버핏은 막대한 재산을 자식들에게 상속하지 않고 대신 그 돈을 아프리카에 대대적으로 백신을 보급하는 사업에 쓰기로 했다. 이제껏 모두가 불가능하다고 여겼던 사업이었다. 한편 마이크로소프트의 공동 창립자인 폴 앨런은 뇌 관련 유전학을 산업화했다. 지난 11월, 페이스북의 창립자 마크 저커버그는—그는 조만간 세계 제일의 부자로 등극할 것이다—자신의 재산 99퍼센트를 맞춤형 교육 증진과 의학 혁신, 사회 불평등 해소에 쓰겠노라고 발표했다. 우주로의 접근성을 획기적으로 바꾸어놓은 스페이스 X를 창설한 일론 머스크는 최근에 인공지능 개발을 목적으로 하는 재단을 설립했다. 이 모든 사례들은 실리콘 밸리의 유명 인사들이 먼 장래를 내다볼 뿐 아니라 자기들이 애착을 갖는 아이디어—트랜스휴머니즘도 당연히 거기에 포함된다—가 실제로 구현되도록 하는 데에 엄청난 재산을 투자할 태세를 갖추고 있음을 보여준다.

로랑 알렉상드르

장 미셸 베스니에 현재의 정치권을 보잘 것 없는 것으로 진단한 선생님의 견해에 대해서는, 유감스럽게도 공감하는 사람이 많을 것 같습니다. 그런데 전자 정치가 전체주의화할 잠재적인 가능성이 있다는 걸 깨닫는 순간, 이러한 공감이 곧 불안으로 변질되지 않을까 우려되는군요. 정치가 기술적인 수단에만 의존하고 다수 국민의 보편적 의지라는 수단을 배제한다면 바람직하다고 할 수 없습니다. 이미 몇몇 요소들이 우리 동시대인들에게 불안감을 불러일으키고 있지요. 예를 들어보겠습니다. 집중력을 향상시키기 위해—집중력에 따라 학업성적이 결정되니까요—리탈

린을 복용하는 미국의 젊은이가 450만 명에 이른다고 합
니다. 이 사실로 미루어보건대, 그 아이들의 부모는 이 약
을 복용함으로써 나타날 수 있는 부작용에 대해서는 크게
염려하지 않는다고 추측할 수 있습니다. 이들은 공교육이
암페타민으로 얻을 수 있는 효과—그러니까 약물 복용에
따른 기계적인 효과가 되겠죠—만큼의 힘이 없다고 공공
연히 말합니다. 이 사례를 통해 사람들이 향상이라는 것을
교육적 과정이 아닌 기술의 문제로 이해하고 있음을 알 수
있습니다. 인간을 향상시킨다는 기술이 만든 상품의 소비
를 규제하겠다는 야심이 있는 한, 아마도 교육 의도에 포
함되어 있으며 인류 보존 여부에 결정적인 역할을 하는 상
징적 기능이 부족하다는 것에 대해서도 계속 태클을 걸어
야 할 테죠.

로랑 알렉상드르　나도 동감입니다. 학교는 우리 코앞으로
다가온 미래를 준비함에 있어서 중심적인 역할을 해야 합
니다. 인공지능에 관한 틀을 정하는 일과 병행하여, 학교에
관한 심도 있는 성찰도 반드시 필요합니다. 솔직히 2015
년의 학교는 1750년대의 의학만큼이나 고리타분합니다.

지난 250년 동안 학교는 거의 달라지지 않았습니다. 학교의 조직이며 구조, 교육 방식 등은 군을 대로 굳어 있는데, 사실 그보다 더 심각한 건 학교가 내일의 직업은 고사하고 어제의 직업에나 어울릴 법한 교육을 답습하고 있다는 점입니다. 엠마뉘엘 다비당코프Emmanuel Davidenkoff, 뤽 페리 Luc Ferry, 프랑수아 타데이François Taddei 같은 저명한 교육학자들은 이러한 교육 시스템이 수명을 다했음을 오래 전부터 주장해왔습니다. 지능이 더 이상 우연의 산물이 아닌 시대에 살게 될 어린이들은 어떻게 교육해야 할 것인가? 지금까지는 기술 혁명을 한 차례씩 겪을 때마다 일자리가 어떤 한 분야에서 다른 분야로 이동하는 식의 결과가 발생했습니다. 말하자면 농업에서 제조업으로 옮겨가는 식이었다는 말이죠. 인공지능의 출현과 더불어 이제는 많은 일자리가 옮겨가는 것이 아니라 그냥 사라져버릴 위험이 커졌습니다. 그렇다면 우리 아이들이 이 새로운 세상에서 행복하게 살기 위해서는 무엇을 가르쳐야 합니까? 학교는 지식전달과 사회생활을 위한 교육을 전담하는 기구로서, 현 시점에서도 이미 시대에 뒤떨어진 낡은 기술 신세를 면치 못합니다. 2050년대의 학교는, NBIC 덕분에, 지식이 아니라 뇌를 관리하게 될 겁니다. 그러므로 학교를 지탱하는 세 기둥이라고 할 수 있는 교육 내용, 교육 방법, 교육을 담당하는 인력은 새로이 정의되어야 마땅합니다. 우선 인문학과 교양과목을 복권시켜야 합니다. 기술 분야에서 기계와 경쟁한다면 웃음거리 밖에 더 되겠습니까? 다음으로는 학생 개개인의 신경생물학적, 인지적 특성에 맞춰 교육을 개별화해야 합니다. 교육 분야에서의 아이튠을 발명해야 한다는 말이 되겠죠. 그리고 마지막으로, 학교에 신경과학 전문가들을 끌어들여야 합니다. 2050년대의 교사는 본질적으로 '신경 경작자'여야 할 테니까요. 교육 기술의 향상을 위해 NBIC가 도입되면, 이와 아울러 깊이 있는 신경윤리학적 성찰도 병행되어야 합니다. 그 누구도 학교가 신경을 조작하는 기관이 되기를 바라지 않을 겁니다. 인공지능의 보편화라는 명제가 던지는 도전에 맞서기 위해 학교의 현대화가 시급합니다. 그래야만 우리는 선Sun 컴퓨터의 공동창립자인 빌 조이Bill Joy가 2000년에 한 예언, 즉 "미래는 우리를 필요로 하지 않는다"는 말이 틀렸음을 입증해보일 수 있습니다.

11장

우리는 '멋진 신세계'를
맞이하게 될까?

『멋진 신세계』는 올더스 헉슬리가 1931년에 발표한 공상 과학 소설로, 국가가 살아남을 아기들을 선별하여 생물학적 잠재력에 따라 계급화하고 이 권리를 국가가 독점하는 전체주의 사회를 그린 것이다. 많은 사람들이 요즘 이 소설을 떠올린다. 기술의 진화 속도를 보면 헉슬리가 그린 유토피아는 빠른 시일 내에 현실이 될 것으로 보인다. 그렇다면 우리는 어떻게 대처해야 할까?

로랑 알렉상드르 21세기는 지난 수천 년 동안 겪은 것보다 훨씬 더 많은 변화를 가져올 것입니다. 이에 관해 우리는 과연 무엇을 예측할 수 있을까요? 우리의 정신은 그토록 먼 앞날을 내다보도록 훈련되어 있지 않습니다. 그래서 미래를 지나치게 이상화하거나 반대로 지나치게 어둡게 보는 경향이 있지요. 제일 먼저 언급되고 있는 반응은 인류가 사라질 거라는 예측입니다. 우리가 차디차고, 적대적이고, 비인간적이며, 제 정신이 아닌 학자들이 이끌어가는 낯선 세계로 들어가게 되리라는 뜻이죠. 바이오 보수주의자들은 전자기기를 장착한 포스트휴먼은 생물학적 인간과는 완전히 다를 것이라고 보고 있어요. 곧 현재가 될 이 미래는 본능적으로 그들에게는 반 자연적인 것일 테죠.

장 미셸 베스니에 민주국가들은 모두 예기치 않게 변화해야 하는 상황에 처할 것입니다. 무정부주의나 독재 체제로 가는 거죠. 이것은 암울한 예측이지만, 플라톤까지 거슬러 올라갈 수 있는 유서 깊은 예측이기도 합니다. 19세기에 활동한 토크빌 역시 그다지 나을 것 없는 태도를 보였습니다. 그가 한 예언을 소개해보죠. 오늘날의 우리는 그의 예언을 이상화하는 경향이 있습니다. 내용을 요약하자면, 민주주의는 자유 앞에서, 그리고 그 자유가 떠받쳐주는 세상의 불안정성 앞에서 점점 더 겁을 집어먹는 개인들을 양산하게 될 것이며, 그러한 개인들은 스스로를 점점 더 약하고 불안에 떠는 존재라고 인지하게 될 거라고 말합니다. 그 결과 개인들은 국가의 개입을 점점 더 많이 요구하게 되리라는 거죠. 복지국가에서 시작해서 서서히 국가에 후견인 역할까지도 기대하는 겁니다. 그리고 이는 곧 온건한 독재정치, 곧 국민들의 삶에 개입해선 안 되며 자유방임을 추구해야 한다는 부담감을 덜어낸 체제가 자리 잡는 길을 터주는 격이고요. 가슴 아픈 일이지만, 민주주의가 구성원들의 정치적 무관심에 미리 대비했어야 함에도 이를 소홀히 하면서 전의를 잃어가는 시점에서, 20세기의 전체주의자들은 그 약점을 최대한 활용했습니다. 그들은 모든 면에서 새로운 인간, 역사의 무게에서 해방되어 스스로 완벽하다는 자부심을 지닌 인간을 창조한다고 주장했으니, 상당히 멀리 간 것이죠. 우리는 이와 같은 전체주의적 이념으로부터 겨우 벗어나, 철학자 클로드 르포르Claude Lefort의 표현대로 민주주의야말로 "역사적으로 가장 뛰어난 체제"라고, 그렇기 때문에 그 체제를 수호하기 위해서라면 위험도 감수해야 한다고, 가치(존재 의무)로 현실에 맞서야 한다고 믿게 되었죠. 올더스 헉슬리의 『멋진 신세계』나 조지 오웰의 『1984』 같은 작품들 덕분에 우리는 참을 수 없는 행복이라는 신기루에 대한 환상을 말끔히 지웠다고 생각했습니다. 각종 선전과 계획적인 기억 상실로 인간을 제멋대로 조종하고, 복종하게 만드는 일이 절대로 있어선 안 된다고 다짐했단 말입니다. 그런데 이제 정치 혁명이라는 지평에 더 이상 아무도 흥미를 갖지 않게 된 건 참으로 다행이나, 과학과 기술이, 좀 더 정확하게는 몇몇 포스트휴먼이 바통을 이어받아 우리에게 내일이면 모두가 행복해질 거라 외치게 되리라고는 어느 누구도 예측하지 못했습니다.

로랑 알렉상드르　그건 우리 역사를 놓고 볼 때 매우 고전적인 사례라고 할 수 있습니다. 아무도 다가오는 기술 혁명을 미리 보지 못하거든요. 우리가 다루고 있는 트랜스휴머성, 포스트휴먼성이라고 하는 개념은 할리우드 발 공상 과학 영화에서 끌어온 것처럼 보일 수도 있습니다. 특히 NBIC 기술의 발전 양상에 아직은 까막눈인 유럽에서라면 더욱 그럴 수 있죠. 평범한 시민들에게 우리가 앞으로 수십 년 후면 기계와 교배된 인간들이 사는 포스트휴먼 시대로 진입하게 된다는 생각은 새로운 밀레니엄에나 실현될 만한 이론으로 보일 테니까요. 하지만 어느 시대를 막론하고 유토피아는 특히 진지한 사람들에게 외면당하고 비난받았음을 상기할 필요가 있습니다.

진보 관련 무분별 사례 모음

시카고 대학의 저명한 천체학자 포레스트 레이 몰턴Forest Ray Moulton은 1932년에 다음과 같이 말했다. "언젠가 달에 갈 수 있으리라는 희망은 어디에도 없다. 그건 물리적으로 불가능하다. 지구의 중력이 뛰

186

어넘을 수 없는 장애물로 작용하기 때문이다!" 1956
년, 영국의 과학자 리차드 울리 경Sir Richard Wooley은
말했다. "우주여행에 관한 모든 기사들은 허접한 말
들이다!" 매우 존경받는 공학도였던 리 드 포레스
트Lee De Forest는 다음과 같이 대못박는 말을 서슴지
않고 던졌다. "인간을 로켓에 태워 우주로 쏘아올
린 다음 그 로켓을 달 궤도에 진입시킨다니……. 그
런 말도 안 되는 모험은 절대 실현될 수 없다고, 미래
에 기술이 아무리 발전한다 하더라도 그건 불가능
하다고 장담할 수 있습니다!" 4년 후, 소련 출신 가
가린은 우주를 유영했으며, 8년 후에는 미국인 암
스트롱이 달 위를 걸었다. 가장 뛰어난 유전학자들
조차도 유전자 혁명을 과소평가했다. 1970년, 메신
저 RNA를 발견한 공로로 노벨 의학상을 수상한 자
크 모노Jacques Monod는 저서 『우연과 필연』에서 이렇
게 말했다. "유전자의 크기는 너무 작기 때문에 그
걸 조작한다는 건 불가능할 것이다." 그런데 그로부
터 5년이 채 안되어서 유전자를 조작할 수 있게 되
었다! DNA 염기서열만 해도 30년 전까지는 제일

뛰어난 생물학자들조차 인간 염색체의 배열을 분석하는 일은 불가능하다거나, 설사 가능하다고 해도 2300년 혹은 2500년까지 기다려야 할 것이라고 예상했다! 그런데 이 일은 2003년에 이미 결판이 났으며, 2025년이면 우리는 모두 저마다의 DNA 염기서열을 알 수 있게 될 것이다. 이처럼 기술 발전에 대해 계속해서 과소평가가 이루어지다 보니, 인간의 달 착륙을 목표로 삼은 아폴로 프로그램의 아버지라 불리는 워너 폰 브라운Werner von Braun은 "나는 '불가능'이란 단어는 아주 조심스럽게만 사용해야 한다는 사실을 배웠다"고 고백했다.

로랑 알렉상드르

장 미셸 베스니에 기술 분야의 미래를 전혀 예측하지 못한 우리의 단견을 보여주는 사례들이 제법 많군요. 하지만 그렇다고 해서 디스토피아가 자취를 감추는 것은 아닙니다. 디스토피아는 단지 겉모습만 바꿔 과학자들(대표적으로 신경과학자들)에 의해 검증된 사실에만 입각한다거나 기술전문가들이 보여주는 현실(가령 디지털 세계화가 우리에게 강제하는 현실)을 통해 그 모습을 드러내죠. 과거 전체주의가 세계에 퍼졌을 때 우리는 교훈을 얻기는커녕, 인간을 만들고 게놈을 조작해 인간의 기질을 바꾸려 했죠. 하지만 사람들이 실존의 불안을 느끼고 그러한 불안을 한층 첨예하게 만드는 일이 우연하게 발생하는 한편, 인간 불멸을 믿을만한 근거가 잇따라 발표되자 그러한 디스토피아에 점점 더 호의적인 태도를 보이고 있습니다. 레몽 아롱Raymond Aron이나 클로드 르포르, 코르넬리우스 카스토리아디스Cornelius Castoriadis, 마르셀 고셰Marcel Gauchet, 한나 아렌트 같은 이들이 전체주의를 비판할 때 들이댄 잣대를 본다면, 트랜스휴머니스트들이 내세운 부흥의 약속은 남의 말을 제일 쉽게 믿는 사람들조차 아연실색하게 만들 만합니다! 미셸 푸코의 바이오 권력 분석, 들뢰즈의 통제사회 분석 등, 명망 높은 철학자들의 경고에 귀를 닫는 행태는 정말이지 안타깝기 그지없습니다. 이러한 사실은 우리 사회가 무턱대고 NBIC 기술을 소비하려는 시대로 접어들기로 작정했음을 보여주는 반증이 되겠죠. 우리를 위협하는 전체주의는 기호학자 롤랑 바르트가 묘사한 파시즘 수준이 될 겁니다. 우리의 발언권을 제한하기보다는 바이오 기술이라는 담보를 들먹거리며 우리에게 행동에 나설 것을 강요할 테지요. 그런 식의 전체주의는 정치 불신, 그리고 과학과 기술이 개인 및 집단의 성숙과 개화를 제공해준다는 보장, 이렇게 두 가지 토양 위에서 기능합니다. 다른 식으로 표현하자면, 결핍을 자양분으로 삼는 욕망의 충족(또는 무감각)이 이러한 전체주의의 토대를 이룬다고 할 수 있겠죠. 그러므로 이때의 약속된 행복은 사회적 곤충, 즉 서로가 서로에게 연결되어 있으며 평온한 항상성homeostasis*(나는 뉴런의 접속을 통해 얻어지는 전 지구적인 차원의 뇌를 염두에 두고 있습니다. 우리는 사실 우리가 만들어내는 헤아릴 수 없을 만큼 많은 네트워크 속에서 서로가 서로에게 연결되어 있는 거대한 뇌와 마찬가지니까요)을 생산하는 무리들의 행복에 준거하여 상상해볼 수 있을 겁니다.

로랑 알렉상드르 바이오전체주의의 위협에 대해 말씀하시

---

* 변수들을 조절해 내부 환경을 안정적이고 상대적으로 일정하게 유지하려는 특성.

는군요. 하지만 저는 인간은 결국 바이오 기술 혁명에 저항할 수 없다고 생각합니다. 바이오 기술 혁명이 인간의 역량을 강화시키고 죽음에 맞서 승리할 것이라 약속하기 때문입니다. 풍습이 변화해가는 엄청나게 빠른 속도를 감안한다면, 2080년의 개인이 시대에 뒤떨어진 구닥다리 생물학적 인간, 허약하고 병에 잘 걸리는 순수한 인간 화석으로 남아 있을 확률이 과연 얼마나 될까요? 이웃사람은 '천재'인 데다 '거의 불멸'의 존재로 살아가는데 말입니다. 누가 별 볼일 없는 지능과 생물학적 인간의 하찮은 기억력에 만족하겠습니까? 바이오칩이 생물학적 인간 백만 명의 뇌를 합친 것보다도 우월한 인공지능을 제공하고, 모든 데이터베이스에 즉각 접속할 수 있도록 해주는데 말입니다. 군집본능을 비롯하여 집단의 압력과 규범을 벗어나지 말아야 할 필요성 등이 다수의 동참을 이끌어내는 거죠.

장 미셸 베스니에　"규범을 벗어나지 않는다"는 점이야말로 내가 보기엔 결정적인 것 같습니다. 여기에서 언급되는 가장 급진적인 형태의 트랜스휴머니즘은 뒤집어서 생각하면 인간이 자신으로 남고자 하는 데 따르는 피곤함, 호모 데모크라티쿠스로 사는 데 따르는 우울함 등의 반증이라는 생각이 들지 않으십니까? 물론 오늘날의 시민은, 전체주의 국가 시절의 사람들과는 달리, 비슷한 처지의 사람들과 단절되어 있지 않습니다. 그들은 원하는 만큼 많은 소셜 네트워크에 속해 있다고, 그렇기 때문에 집단 지성이 발현되기에 적절한 환경을 조성하는 데 일조하고 있다고들 말할 겁니다. 트랜스휴머니즘의 위험은 바이오기술을 마치 포스트휴먼에 대한 기대를 실현시켜줄 원천인 양 여기면서, 언제라도 날조할 수 있는 역사의 법칙(스탈린주의만 봐도 그렇죠)에 대해서는 함구한다는 점입니다. 이런 의미에서, 트랜스휴머니즘이 사람들을 잡아끄는 매력은 상당히 유해하다고 봐야 하죠. 인간을 순화시키는 일(인간을 오직 생물학적 차원에만 국한시킨다는 뜻)에 굉장히 신속한 트랜스휴머니즘은 기술에 의한 전적인 지배를 숙명인 것처럼 받아들이도록 합니다. 그렇게 함으로써 역사 속에서 전체주의들이 이제껏 떠받쳐온 이념, 즉 인간은 실패한 종이므로 보다 나은 것으로 대체할 때가 되었다는 생각을 한층 더 공고히 하지요.

이따금씩 디지털에 힘입어 민주주의가 되살아난다
는 말이 들린다. 하지만 그런 말을 누가 진심으로 받
아들이겠는가? 현실은 우리에게 웹상에서 유랑한 결
과만을 표현하도록 강요함으로써 날이면 날마다 각
자의 정체성이 조금씩 더 '오로지 디지털' 쪽으로 갈
수밖에 없도록 유도한다. 그 결과 모든 도덕성의 조
건이라고 할 수 있는 교체 불가성이 이 시대에는 더
이상 통하지 않음을 보여준다. 주관적으로 떠안은 책
임감이라 해서 크게 다르지 않다. 현실은 내면의 삶
같은 건 이제 반(反) 가치이므로 얼른 떨쳐버리거나
속죄해야 할 대상이라고 알려준다. 끝없이 사는 영원
불멸의 삶(자리에 누워 꼼짝 못하는 상태일지라도),
인간의 실존을 결정짓는 상징적 차원을 배제한 생물
학적 개체를 만들기 위해 기술진보에 집착하면 집착
할수록, 바이오 전체주의적인 세계의 그 같은 특성은
점점 더 두드러지게 될 것이다. 온갖 토론방, 각종 민
원용 사이트, 블로그, 트윗 등 웹이 제공하는 각종 수

단만으로 민주주의가 승리할 것이라고 상상한다면 그건 경박하기 짝이 없는(혹은 냉소적인) 생각이다. 무엇을 하든 호모 코뮤니칸은 네트워크를 통해서만, 앞으로 달려나가야만 존재할 수 있다. 또한 호모 코뮤니칸은 별 생각 없이 선동적인 구호와 성찰, 노출 취미와 속내 이야기, 투명성과 진정성을 혼동한다.

장 미셸 베스니에

로랑 알렉상드르 선생님은 인류가 지구의 모든 지역에서 동시에 교체될 것이라 생각하시는군요. 이 문제에 대해 저는 한 가지만 강조하겠습니다. 자크 아탈리를 비롯한 많은 지식인들이 세계 정부의 설립을 소망한다는 이야기는 제가 보기에 완전히 바보짓입니다. 당연히 전 지구적인 차원에서만 가능하다 하더라도, 이 지구상에 인간의 지능과 다른 형태의 지능을 창조하자는 결정에 있어서 몇몇 분야는 절대 중앙집권적인 방식으로 규제되어서는 안 됩니다. 결정기구의 단일화는 불가피하게 우리를 전체주의 체제로 몰아갈 것이고, 아무도 그것을 피해갈 수 없을 테니까요. 그러니 이념들 간의 경쟁을 보장하기 위해서는 여러 개의 지정학적 중심을 유지하는 것이 필수적입니다. 바이오정치에 있어서도 오늘날의 전통적인 정치와 마찬가지로 대항 세력과 다변주의가 필요하다는 말이죠. 어딘가 도피할 곳은 있어야 할 테니까요! 신경치안의 경우, 그리고 그에 따른 뇌 보호의 문제는 이런 관점에서 볼 때 본보기가 된다고 할 수 있습니다. 전 지구적인 차원에서 뇌 과학을 규제하기로 한 세상이라면 그 어떤 도피처도 허락하지 않을 테죠. 뇌 과학이니 신경과학이니 하는 것이 만에 하나 잘못된 길로 들어서는 경우, 우리는 어디로 망명해야 합니까? 중앙집권화된 뇌 바이오 기술 권력에 복종하지 않는 공간은 남아 있지 않을 겁니다. 우리의 자유라는 입장에서 보자면 그보다 더한 악몽은 없는 셈이죠. 뿐만 아니라 NBIC 전문가들에게도 히포크라테스 선서를 확산시키는 일이 당연히 필요합니다. 특히 뇌 과학 분야에서 일하는 전문가들에게는 반드시 말이죠!

12장

어느 정도까지
기술을 연구해야 할까?

새삼 말할 필요도 없이 자명한 사실이지만, 인간은 우주에 산다. 그런데 우주 또한 지금보다 낫게 만들 수는 없을까? 이 전망은 트랜스휴머니즘 지지자들을 열광시키는 반면, 비판자들은 공포에 빠뜨린다. 자기 자신은 물론 자신을 둘러싼 세계를 변화시키는 타고난 역량을 우리 인간은 어느 수준까지 밀어붙여야 할까?

2030년쯤이면 우리는 나노 크기의 전자 부품을 삽입한 뇌
덕분에 우주를 창조한 신에 버금가는 능력을 지니게 될 것
이다. ―레이먼드 커즈와일, 2016년

로랑 알렉상드르 2019년 같은 가까운 미래가 아니라 아주
긴 기간, 굉장히 먼 미래에 대해 이야기해볼까 합니다. 오
랜 시간이 지난 후에 인류는 어떻게 될까요? 철학자들은
늘 우주의 기원을 알기 위해 열정을 쏟았습니다. 라이프니
츠가 "어째서 아무것도 없지 않고 무언가가 있는 것일까?"
라는 질문을 던진 때가 1740년이었습니다. 반면 우주의 장
래에 대해서 관심을 보인 이들은 소수에 불과합니다. 우주
의 운명이 거의 재앙 수준인데도 말입니다! '빅 크런치Big
Crunch'(빅뱅Big Bang의 반대)에서 '빅 칠Big Chill'(모든 에너지의
산일散逸)에 이르기까지 천체물리학자들이 모델화한 여섯
가지 시나리오는 예외 없이 우주의 죽음이라는 결론에 이
르고 있으며, 우리가 실존했다는 증언도 모두 사라지게 되

리라고 예고합니다. 얼마 전부터 지구의 지속가능한 발전이라는 문제에 관심을 갖게 되면서 우리는 우주도 그 자체로는 죽음을 면할 수 없는 존재임을 깨닫기 시작했습니다.

장 미셸 베스니에　먼 장래에 대한 성찰은 내가 보기에 허망한 것 같습니다. 불확실성이 너무 큰 데다 현재 우리가 안고 있는 문제들만으로도 힘들기 때문이죠. 그러니 그토록 먼 훗날, 10억 년 단위의 숫자들로 계산되는 그 시간에 대해 이러니저러니 이야기하는 게 과연 합리적일까요?

로랑 알렉상드르　전 오히려 선생님과 반대로 미래에 몰입하는 것이 유익하다고 봅니다. 미래에 관한 질문은 현재 우리의 가치관에 대해 성찰할 기회를 제공하기 때문이죠. "선과 악은 우주라는 차원에서도 항상 타당한가?", "우리가 이룬 문명의 모든 흔적이 우주의 죽음과 더불어 완전히 사라지게 된다면, 과연 우리의 삶이란 무슨 의미를 지니는 걸까?", "인류의, 과학의 궁극적인 목표는 무엇일까?" 프랑스의 젊은 철학자 클레망 비달Clément Vidal은 그의 아름다운 저서 『시작과 끝The Beginning and the End』, 에서 우주의 예정된

소멸이 갖는 의미를 종합적으로 제시했습니다. 그는 마지막 질문, 그러니까 과학의 궁극적인 목표에 관한 질문만큼은 명쾌하게 답했습니다. 새로운 우주를 인위적으로 창조함으로써 우주의 소멸에 대항하는 것이 과학의 궁극적인 목표라고 정리했거든요. 죽음의 죽음 이후, 인간이 죽음을 정복하여 불멸의 존재가 되고 나면, 그 후 과학은 우주의 죽음을 정복하기 위해 싸워야 한다는 거죠. 인류는 다가올 수십억 년 동안은 인공우주를 창조하는 데 모든 에너지를 쏟게 될 것입니다. 우리의 노화된 신체 기관들이 줄기세포에 의해 재생되면, 인간은 뒤이어 우주를 불멸의 존재 혹은 대체가능한 존재로 만드는 우주 재생 프로젝트를 본격적으로 시도하게 되리라 봅니다.

장 미셸 베스니에 다시 한 번 말하지만, 아주 먼 장래에 관한 성찰은 내가 보기에는 부질없습니다. 그보다는 완벽한 인간이 되고자 하는 것에 제재를 가해야 하지 않을까 생각합니다. 달리 말하자면, 어느 시점에서는 쉼 없이 나아가는 진보를 거부해야 하는 것은 아닌지 고려해보아야 한다는 뜻입니다. 끊임없이 진보만 고집하다보면 인간의 역사가 막다른 골목에 이를 위험이 있으니 말입니다. 개인적으로 나는 무조건 고대인을 모방해야 한다거나, 시간이 흐름에 따라 어쩔 수 없이 겪게 되는 부정적인 결과를 피하기 위한 수단으로 전통만을 절대적인 규범인 양 맹목적으로 지켜야 한다고 주장하는 의고적인 사회에 대해서는 조금도 공감하지 않습니다. 그렇지만 모더니스트들의 이상향, 즉 진보에 관련해서도 논쟁을 피해갈 수 없다고 생각합니다. 그도 그럴 것이 진보라고 하는 것에 논쟁의 여지가 없다면, 우리의 행동이 나아가야 할 방향을 제시해주는 가치관을 정립하는 일은 아예 불가능하기 때문이죠. 그렇게 되면 실증주의자들처럼 사실에 입각하여 선택할 수밖에 없게 될 테니까요. 나는 동물도 기계도 아니기 때문에 사실이 법이 되는 것을 거부합니다. 과학이 법의 형식을 정하고 도덕적인 관점을 무지몽매한 것으로 전락시키는 것을 거부합니다. 그건 그렇고, 모든 건 이제부터 꼼꼼히 살펴봐야 합니다. 마치 엄청난 향상의 결과인 양 우리에게 제시되는 것을 어떻게 해야 공정하게 평가할 수 있을까요? 현실에서 그것이 향상이 아님을 드러내 보임으로써 가능합니다. 향상으로 보이던 것이 실제로는 향상이 아니었음을 보여주는 근거는 다양합니다. 가령 부차적인 역효과 또는 왜곡된 효과가 나타날 수 있고, 모든 사람에게 공통적으로 도움이 되는 건 아니며, 조작되거나 도구화되는 부정적인 이면이 있지요. NBIC 기술이 만들어낸 결과라고 주장하는 향상을 인간에게 부과하려는 틀을 둘러싼 일종의 편견(이념적, 정치적 편견 혹은 산업의 특성, 문명의 차이에 따른 편견), 그 자체로 논란의 여지가 많은 편견으로 해석한다고 해서 반동적이 되는 건 아닙니다. 예를 들어서 나는 뇌와 웹을 결합해 얻을 수 있는 '통합적 사고'는 겪어보기도 전에 선험적으로 구토를 유발한다고 앞에서 벌써 여러 차례 말했습니다. 인터넷과 결합된 의술 또한 장담컨대 건강염려증을 확산시킬 것이라는 말도 했고, 인간의 수명을 연장하겠다는 목표는, 그와 같은 쾌거가 윤리적·정치적 문제를 함부로 결정하기 어렵다는 명분을 내세워 이런 문제들을 배제해버리지 않는다는 조건만 충족시킨다면, 당연히 나 또한 귀가 솔깃해지는 소식이라는 말도 빼놓지 않고 했습니다. 어쨌거나 오늘날 우리가 19세기에 비해 잠을 훨씬 덜 자는 것을 진일보한 것으로 소개하는데, 단언컨대 그로 인해 내 실존이 분명 늘어나기는 했지만, 그 때문에 불면증에 시달리는 내가 받는 스트레스 또한 커진 것도 사실입니다! 온갖 종류의 인위적인 장치들을 빌어 자신의 삶의 조건을 향상시키는 것을 굳이 원하지 않으며, 그저 자기에게 좋은 건 자기가 정할 수 있기를 바라는 사람들은 지금도 여전히 존재합니다. 그런 사람들에게 기술이란 지혜를 부정하는 것입니다. 왜냐, 기술이라고 하는 것이 마치 우주가 우리에게 이미 정해진 자리를 마련해주었다는 듯이 굴기 때문입니다. 우리 스스로 자신의 자리를 찾기를 열망할 수도 있다는 사실을 애초부터 배제해버리는 거죠.

로랑 알렉상드르 지혜라고 말씀하셨는데, 저로서는 종교에 관해 생각해보게 됩니다. 그럴 수밖에 없는 것이, 커즈와일이 예고한 특이점이라는 것은 결국 하나의 새로운 종교 같다는 생각이 들거든요. 전지전능하며 불멸의 존재인 미래의 인간은 〈트랜센던스〉 같은 할리우드 영화를 떠오르게 해서 피식 웃음이 나는 게 사실입니다. 그러나 이러한 인간관은 하나의 사상적 움직임을 바탕에 깔고 있습니다. 자연과 초월 사이에서 갈팡질팡하는 대상이 아닌 진화의 주역이라는 역할을 인간에게 부여한 최초의 철학적 움직임 말입니다.

새로운 종교

트랜스휴머니즘은 종교적 사고가 진화를 거쳐 최종적으로 도달한 단계에 와 있다고 할 수 있다. 종교적 사고는 크게 세 단계를 거쳐 진화되었다. 우선 다신교. 이는 샤머니즘의 논리적인 귀결로 고대 그리스 로마인들 사이에서 전성기를 맞았다. 두 번째 단계는 경전을 보유한 일신교로 오늘날에 와서 세 번째 단계가 부상하고 있다. 바로 신이 된 인간의 단계라고나 할까. 트랜스휴머니스트들에게 있어서 "인간이 신을 창조했으니, 만일 그 반대가 맞는다면 증명해보여야 할 것"이라는 프랑스 가수 세르주 갱스부르의 독설은 너무도 지당한 말이다. 신은 아직은 존재하지 않는다. NBIC 덕분에 거의 무한한 능력을 갖게 될 내일의 인간이 신이 될 테니까. 인간은 오직 신만이 할 수 있으리라고 여겨지던 일들, 예컨대 생명을 창조하고, 인간의 게놈

을 수정하는가 하면, 뇌를 재설계하고, 죽음을 안
락사시켜버리는 대단한 일을 실현하게 될 것이다.

로랑 알렉상드르

장 미셸 베스니에   위에서 벌써 말했듯이, 나에게는 생명을
촉진한다거나 죽음을 죽이는 이러한 시도들이 "문화적 맥
락으로 편입"되지 않는다면 어리석기 짝이 없는 시도로 보
입니다. 다시 말해 그것들이 우리 인간의 조건을 조금이라
도 더 바람직하게 만들어주는 상징적 차원으로 들어오지
않는다면 말이죠. 프랑스 트랜스휴머니스트 연합인 테크
노프로그Technoprog의 리더 디디에 쾨르넬Didier Coeurnelle과 마
르크 루Marc Roux의 소망처럼 "사회 진보를 위한 트랜스휴
머니즘"은 분명 "공동체를 이루고 사는 우리의 인간으로
서의 의미를 향상시킬 수" 있을 테죠(『테크노프로그』, FYP,
2016년, 218쪽을 참조할 것). 하지만 우리의 일상생활에 침
투한 신호들의 비중이 과도해지는 것을 막지 않고서 어떻
게 그렇게 할 수 있겠습니까? 그러니까 우리의 실존을 기

술에 예속시키는 기계적인 행위에 저항하지 않고 어떻게 그런 결과를 기대할 수 있겠느냐는 뜻입니다. 기술 혁신이 우리가 스스로를 파괴하게 되는 것에 대비하도록 도와준다고 하는데, 이른바 사회적인 조화를 함양한다는 명목으로 공동생활을 할 때 나타나는 우연적인 요소들을 어디까지 제거하게 할 것인가, 그가 던진 질문은 이렇게 요약할 수 있습니다.

로랑 알렉상드르 그 질문에 대해서 클레망 비달을 비롯한 몇몇 철학자들은 제한 같은 건 없다고 대답합니다. 트랜스휴머니스트들 입장에서 보면, 우리 인간의 불멸을 위해 우주를 불멸의 존재로 만드는 것은 최후의 교만이 아니라 지극히 합리적인 결정입니다. 다신교나 일신교도 다를 바 없지만, 현실에서 트랜스휴머니즘은 우리의 역량과 믿음 사이의 상호관계의 표현입니다. 자연의 기본 요소들에 맞서는 전지전능한 인간을 추켜세우는 프로메테우스적인 종교라니, NBIC가 승리하기 이전에는 상상조차 할 수 없었죠. 지금의 종교들은 우리로 하여금 죽음을 견디게—신앙 속에서— 도와주려고만 할 뿐, 어떤 경우에도 죽음을 아예 제거해버리겠다고 나서지는 않습니다! 대부분의 트랜스 휴머니스트들은 NBIC로 인하여 더 이상 신의 권위를 떠 받들지 않고, 인간-사이보그로 신을 대체하게 될 겁니다. 기술을 숭배하는 종교가 전통적인 종교를 대체하고 있는 중인가? 트랜스휴머니스트들과 바이오보수주의자들 사이에서 격렬한 반대 시위, 심지어 종교 전쟁이라도 일어날 것인가, 아니면 자연스럽게 교체가 이루어질 것인가? 실제로 트랜스휴머니스트들과 종교를 연결해주는 최초의 교두보가 모습을 드러내고 있습니다. 달라이 라마가 신경이론과 뇌를 통한 종교적 감성 제어에 지대한 관심을 보인다더군요. 불교가 혹시 트랜스휴머니즘 시대의 도래를 준비하는 매개 역할을 하지는 않을까요? 종교에서 제3기는 정신분석과 관련된 위협으로 말미암아 상당히 무거운 분위기입니다. 1972년 루뱅 대학에서 열린 흥미진진한 강연에서 정신분석가 자크 라캉은 어떻게 해서 죽음이 우리를 살도록 도울 수 있으며, 왜 끝이 없으면 삶이 끔찍해질 수 있는지 설명했습니다. 모든 것이 가능하다면, 인간은 미쳐버릴 겁니다. 정신분석은 우리에게 구속이 없다는 것이 얼마나 큰 불안감의 원천이 될 수 있는지 가르쳐주었습니다.

트랜스휴머니즘, 곧 전지전능을 둘러싼 우리의 환상을 극대화하는 이데올로기는 많은 정신과적 이상 증세를 야기할 수 있습니다. 트랜스휴먼은 자신이 전지전능하다는 착각 속에서 살게 될 텐데, 이는 우리의 정신구조에는 치명적입니다. 여기서 한 가지 확실한 건, 정신과 의사는 분명 미래에도 살아남을 직업이라는 점입니다!

장 미셸 베스니에 방금 자크 라캉을 인용하셨는데, 그는 우리에게 인간성을 부여해주는 의미와 의미 작용signification(기표signifiant와 기의signifié의 상호 작용)의 대가죠. 나는 신호signal와 기호signe가 같지 않음을 망각하는 상황을 보여주는 일화를 하나 소개하는 것으로 우리 이야기를 마무리 지을까 합니다. 나는 신호와 기호의 차이를 망각하는 것이야말로 우리 시대가 안고 있는 중요한 위험이라고 생각합니다. 2016년 3월에 열린 파리 도서전시회에서 철학자 미셸 세르Michel Serres와 나는 한국 만화가 오영진의 작품『어덜트파크』에 대한 공개 토론에 초대받았습니다. 우리는 증강인간과 그것의 현실, 그것을 때로는 매력적으로 바라보게 하면서 때로는 거부감을 느끼게 만드는 우리의 환상 등에 대해서 이야기했습니다. 다양한 부류의 기술 혐오자들—그는 나도 그런 부류로 치부하는 것 같았습니다—의 말문을 막아버리려는 듯 미셸 세르는 청중들을 증인 삼아 대략 다음과 같이 발언했습니다. "우리는 모두 증강된 인간입니다. 우리를 둘러싼 책들이 우리의 정신을 위한 강화 장치로 작용하는 이 도서전시회에 오신 분들이라면 더욱 그렇습니다. 우리의 정신이란 글쓰기 없이는 아무것도 아닙니다. 글쓰기는 무한히 정신을 성장시킵니다!" 사실 같은 논리가 자꾸 반복되는 감이 있습니다만, 어째서 트랜스휴머니스트들이 거는 기대가 글쓰기 혁명이 표현하고 충족시켜준 기대와 본질적으로 같지 않은 걸까요? 저는 모험을 감수하고 미셸 세르에게 대답했습니다. 디지털 혁명은 글쓰기 혁명의 연장선상에서 그걸 이어가는 것이 아니라 오히려 글쓰기 혁명 자체를 위협한다고 말입니다. 나는 우리 시대의 기술이 우리를 점점 더 많은 신호들, 점점 더 집요해지는 신호들, 점점 더 신속한 행동 반응을 요구하는 신호들에 복속시키는 반면, 책은 우리를 긴 호흡, 긴 시간 동안 지속되는 관계 속으로 이끈다, 그 관계 속에서는 기호들이 자신과의, 저자와의, 다른 독자들과의, 요컨대 인류

자체와 나머지 것들과의 대화를 부른다고도 덧붙였습니다. 그러니 이 책도 거기에 일조할 수 있기를 바랍니다!

도서

Laurent Alexandre, *La Mort de la mort*, JC Lattès, 2011.

Laurent Alexandre, *La Défaite du cancer*, JC Lattès, 2014.

Henri Atlan, *L'Utérus artificiel*, Le Seuil, 2005.

Monique Atlan et Roger-Pol Droit, *Humain*, Flammarion, 2012.

Jean-Michel Benier, *La sagesse ordinaire*, Le Pommier, 2016.

Jean-Michel Benier, *Demain les posthumains, le futur a-t-il encore besoin de nous?* Fayard, 2010 et Pluriel, 2012.

Jean-Michel Benier, *L'Homme simplifié. Le syndrome de la touche étoile*, Fayard, 2012.

Olivier Dyens, *La Condition post-humaine*, Flammarion, 2008.

Geneviève Férone et Jean-Didier Vincent, *Bienvenue en Transhumanie*, Grasset, 2011.

Luc Ferry, *La Révolution transhumaniste*, Plon, 2016.

Donna Haraway, *Manifeste Cyborg et autres essais : sciences, fictions, féminisme*, Exils, 2008.

Edouard Kleinpeter (éd.) *L'Homme augmenté*, CNRS éditions, 2013.

Ray Kurzweil, *Serons-nous immortels? Oméga 3, nanotechnologies, clonage*, Dunod, 2006.

Ray Kurzweil, *Humanité 2.0. La bible du changement*, M21 Editeur, 2007.

Dominique Lecourt, *Humain, posthumain*, PUF, 2003.

Marie-Jo Thiel, *La Santé augmentée. Réaliste ou totalitaire?*, Bayard, 2014.

웹사이트

세계 트랜스휴머니스트 연합 :

www.transhumanism.org

프랑스 트랜스휴머니스트 연합 테크노프로그 :

www.transhmanistes.com

휴머니티 플러스, 트랜스휴머니즘 연합 :

www.humanityplus.org

유럽 트랜스휴머니스트당 :

www.transhumanityparty.eu

네오후마니타스 싱크탱크 :

www.neohumanitas.org

과학에 대한 성찰과 정보를 제공하는 사이트 세 곳 :

www.piecesetmaindoeuvre.com

www.up-magazine.info

www.sciences-critiques.fr

프랑스국가윤리자문위원회 :

www.ccne-ethique.fr

로봇도 사랑을 할까

트랜스휴머니즘, 다가올 미래에 우리가 고민해야 할 12가지 질문들

1판 1쇄 발행 2018년 8월 30일

1판 4쇄 발행 2020년 4월 15일

지은이 로랑 알렉상드르, 장 미셸 베스니에 | 옮긴이 양영란
편집 백진희 김혜원 | 표지 디자인 가필드

펴낸이 임병삼 | 펴낸곳 갈라파고스
등록 2002년 10월 29일 제2003-000147호
주소 03938 서울시 마포구 월드컵로 196 대명비첸시티오피스텔 801호
전화 02-3142-3797 | 전송 02-3142-2408
전자우편 galapagos@chol.com

ISBN 979-11-87038-35-1 (03100)

이 도서의 국립중앙도서관 출판예정도서목록(CIP)은 서지정보유통지원시스템 홈페이지(http://seoji.nl.go.kr)와 국가자료공동목록시스템(http://www.nl.go.kr/kolisnet)에서 이용하실 수 있습니다.(CIP제어번호: CIP2018026277)

갈라파고스 자연과 인간, 인간과 인간의 공존을 희망하며, 함께 읽으면 좋은 책들을 만듭니다.